# 教師の学習を見据えた国語科授業実践知研究

――経験に学ぶ国語科教師たちの実践事例からのアプローチ――

丸山　範高
MARUYAMA Noritaka

溪水社

# まえがき

　本書の目的は、経験に学びながら授業改善に努める国語科教師たちの、授業実践を支える専門的知識（授業実践知）を明らかにすることにある。ただし、授業実践知は、固定的で絶対的な正解があり、それを探し当てれば、実践で使い続けられる、というものではない。授業実践知は、教室の状況をふまえて不断に授業改善を行うこと（教師としての学習）によって更新され続け、教師の専門性の厚みとして結実するものである。したがって、本書では、国語科教師の授業実践知と国語科教師の学習過程とを関連づけた考察を行っている。

　こうした、成長を続ける国語科教師の専門性を解明したいという問題意識は、筆者自身の国語科に関わる諸経験から影響を受けたものである。以下、筆者自身の国語科学習歴・国語科授業実践歴・国語科教育研究歴を現時点（2014年2月時点）から意味づけ、本書の問題意識を支える背景について説明する。なお、以下の述懐は、あくまで筆者の主観的な意味づけによるものであり、以下に取り上げる先生がたの意図が記述通りであったということではない。

　今ふり返ってみると、国語科という教科を強く意識したきっかけは、中学2年7月ごろ、1学期末テストの国語で予想外の高得点を取ったことにさかのぼる。当時の筆者にとって定期テストの成績は非常に大きな意味を持っていたからである。1980年代前半、筆者は名古屋市立中学校で学んでいたが、当時の母校では、定期テストの成績や学校での生活態度が高校受験のための内申点に強く影響し、その内申点で受験できる高校が振り分けられていた。ところで、1980年当時の愛知県には、公立高校（普通科）入試の一部には学校群制度が採用され、学力の高い生徒が通える高校は学校群を形成していた。中学2年1学期末テスト以前の筆者は、学校群編成校を受験できるほどの成績に到達していなかった。ところが、1学期末テストの国語で思いがけない高得点を獲得し、それが大きく影響して全教科の

総合成績を何とか学校群編成校を受験できるまでに押し上げたのである。ただ、当時のテストの答案が優れていたかというと、そうではなく、なんとなく書いた記述問題のほとんどで満点をもらい、それが高得点につながったのである。この時の国語テストについて感じた思いは、苅谷夏子氏の述懐「問いに対しての正解の基準が、しばしば釈然としなかったのは、大きな不信のもとになった。特に文学作品が教材だったときには、当たるも八卦、当たらぬも八卦、というような感じである。」(苅谷夏子 (2003)「『大村はま国語教室』への扉」大村はま・苅谷剛彦・苅谷夏子『教えることの復権』 ちくま新書 pp.16-17.) に通じるものがある。(筆者自身は苅谷夏子氏のような優秀な生徒ではなかったが、問いの正解の根拠が曖昧で、教師の考えしだいで正誤が決まるという、国語科学習の曖昧性に共感を覚えるのである。) いずれにしても、期末テストの国語で思いがけない高得点を獲得し全教科の総合成績を押し上げ、それでもって受験できる高校として学校群編成校が選択肢に入ってきたということは、学習の本質からは外れるが、国語という教科が筆者に強く意識され始めたきっかけとなった。また、この時に意識した国語学習の曖昧性は、可能な限り間主観性を追究しようという現在の筆者の研究スタンスを支えるものとなっている。

　その後、何とか成績を維持し、学校群に属する名古屋市立高校に入学する。そして、高校1年時に筆者のクラスを担当してくださった先生の国語科授業(現代文・古典)が印象深く、国語という教科への思い入れが強くなり始める。その先生の授業を一言でたとえると、"文学のかおり"の漂う授業だったと言える。漢字や文法の知識を暗記する、文章の表層を読む、先生の示した解釈を覚える、という国語学習にとどまっていた中学校までとは対照的に、作品の背景について説明する先生の含蓄ある話がとても印象的で、国語科の奥深さに触れることができた。その先生は年度末に他校へ転勤され、高校2年からは現代文・古典と、教師の年代も授業スタイルも異なる、別々の先生に担当いただくこととなった。同じ国語科教師であっても授業スタイルは先生によって全く異なるのだという高校2年時の感覚は、多様な国語科教師による個性的な実践の多様性を解明しようと

いう本書の趣旨に通底するものとなっている。現代文担当の先生は、ベテラン教師で高校1年時の先生と同じく、作品の背景を深く読み込む授業を展開された。一方、古典担当の先生は、教員採用直後の初任教師で、一生懸命ではあったが、授業の深みとしては物足りなさを覚えていた。授業展開がパターン化されており、古典教材文の指名音読に始まり、指名された生徒が現代語訳を発表し、その後先生が改めて現代語訳をする。それが終わったら、頻出古語や古典文法の説明が適当に入り、教科書の脚注にあるような問題の答えを説明し、1つ1つ教科書教材を読み進めていくというものであった。

　そのようにして高校生活を続け大学入試が近づくにつれて筆者には国語学習について焦りが出始める。高校での定期テストではテスト範囲の内容を暗記することによって得点できるものの、学校外の模擬試験での成績が思わしくなかったのである。特に現代文では制限時間内に問題文を読み込んでの情報処理がままならなかった。問題文冒頭から読み始め、結末まで読み進めると、冒頭付近で書かれていたことが何であったのかわからなくなり、問題文全体で何を主張しようとしているのかがつかみきれず、混乱したまま解答し、正答に至ることができなかったのである。そのような状況下で、衝撃的だったのが高校2年の春休みに大手予備校で受けた現代文の授業であった。その現代文の授業は、問題文全体を対比構造によって鮮やかに切り分け、問題文の全体構造を見えやすくすることによって、各設問が全体構造のどこの部分を問うているのかを1つ1つ明らかにしながら、正答への道筋を示すという展開であった。この現代文の授業に出会ってはじめて"国語がわかる"という感覚を持つことができ、中学時代より持ち続けていた国語科学習の曖昧性が解消され始めたように思った。なお、筆者が1980年代後半に予備校で受けた現代文の授業は、小森陽一氏が『小森陽一、ニホン語に出会う』（大修館書店　2000年　pp.109-112.）で述べていること、石原千秋氏が『教養としての大学受験国語』（ちくま新書　2000年　pp.24-27.）で述べていることに通じる文章の読み解き方であったと考えている。

こうした、対比構造を見出すことによって文章を読解するという方法は、筆者が高校教師だった頃はもちろん、大学教員になった現在でも、文章をわかるための基本にとどまらず、国語科授業づくりの基本であると認識し、それに基づいた国語科授業を行ってきたし、現在でも国語科教育法の授業で大学学生に伝えている。

　ただ、高校教師を続けている中で、対比構造によって文章を読み解く国語科授業を展開しても、生徒の反応のよい時とそうでない時とが出てきたのである。特に、高校卒業後に就職または専門学校への進学を希望する生徒が多い高校に勤務していた折には、教材文を分析的構造的に読み解く授業展開では生徒の学習意欲が続かないことを多々経験した。また、ほとんどの生徒が大学入試センター試験で高得点が求められる大学への進学を目指す附属高校での国語科授業であっても、教材内容が生徒にとって興味を引く内容でない時は、教材文を分析的構造的に読み解く授業展開では生徒の学習意欲が落ちるのである。こうして、対比構造によって文章を読解するという方法のみで国語科授業を展開し続けることの限界を認識する。ここに至り、ある１つの、有効とおぼしき方法でもって授業をし続けることの難しさとともに、国語科授業実践および国語科教師の専門性の広がり・深みに思いをいたすようになったのである。こうした授業および教師の専門性についての認識の変化は、本書の内容に反映されている。本書では、国語科授業実践のための方法（教材文の読み進め方など）のみを取り上げてはいない。多くの先生がたの実践を取り巻く文脈の広がりや深みを、厚く記述するよう努めている。

　ところで、公立高校から附属学校へ転勤すると、年１回授業公開を中心とする研究大会が組織されるなど、多忙ながらも、教員活動に占める研究活動の割合が高くなった。附属学校に勤務していた当時の筆者は、研究しようという意欲はあったが、研究をどう進めてよいかわからないまま、その場限りの発展性の乏しい発表を続けていたように思われる。研究課題も研究方法も定まらず先行研究のレビューも不十分なまま、「こんな実践をしました。生徒たちはこんな反応をしました。」というだけの発表であ

まえがき

る。2000年代前半、授業がうまく展開できる時とそうでない時とが混在し、授業改善につながる研究をしたいがどう進めたらよいか全く見当もつかず、ただただ1人で悩み続ける以外どうすることもできない日々が続いていた。そんな中で出会ったのが、「学び」研究で著名な佐藤学氏の研究と、教師の実践的知識研究をリードされている藤原顕氏を中心とする共同研究であった。筆者にとっての両氏の研究の魅力は、わかりやすく、リアリティーに富む点にあり、授業改善に励む高校教師であった当時の筆者の心に強く響くものがあった。佐藤学氏の研究には「授業という世界」(『授業研究入門』 岩波書店 1996年) を通じて、藤原顕氏の研究には、藤原顕氏・遠藤瑛子氏・松崎正治氏の共同研究論文「遠藤瑛子実践における単元生成の文脈―国語科教師の実践的知識へのライフヒストリー・アプローチ―」(全国大学国語教育学会編『国語科教育』第52集 2002年) を通じて、それぞれ出会った。特に、後者の共同研究論文を全国大学国語教育学会編『国語科教育』誌で読んだ時は、教師という主体を中心に国語科授業をとらえる研究が国語科教育研究になり得ることを知った。両氏の研究から筆者は、授業や教師を探究することの醍醐味とともに、探究することで結論とともに新たな研究課題が生まれ、その新たな課題を探究することで別の新たな研究課題が生まれるという、研究のあり方を学ぶことができ、研究活動における未来への展望を開くことができたように思う。佐藤学氏と藤原顕氏らの研究に出会うまでの筆者は、各研究分野での偉大な研究についての知識を蓄えること、そして、そうした知識を紹介すること、あるいは、そうした知識に沿った実践報告をすることが研究であるというぐらいの認識しか持ち合わせていなかった。いずれにしても、実践を丁寧に見取り、下からの積み上げによって探究を進めて一定の結論を得るとともに、そこから新たな研究課題の探究を始めるという授業研究・教師研究のあり方は、現在の筆者の研究活動の礎となっている。

　以上、成長を続ける国語科教師の専門性の広がりや深みを解明したいという筆者の研究動機は、中学生時代における国語科学習の曖昧さの感覚、高校生時代における国語科教師の専門性の豊かさ・多様な国語科教師との

出会い、高校教師時代における国語科授業方法の可能性と限界の自覚、高校教師時代から大学教師としての現在に至るまでの研究活動の礎となっている授業研究・教師研究についての碩学との出会い、という種々のライフ・イベントによって支えられているのである。

　なお、本書は、以下の通り、既発表論文を加筆修正しつつ、全体の構成を整えて書き上げたものである。

第1章
　本書のための書き下ろし
第2章
　2.1：発問行為を支える国語科教師の実践的知識の構造―熟練教師と初任教師の対照性―（日本教師学学会編『教師学研究』第11号　pp.23-33.　2012年）
　2.2：国語科教育実習生が行う授業観察の視座に関する一考察（広島大学附属中・高等学校編『研究紀要』第50号　pp.1-9.　2004年）
　2.3：授業実践を振り返る学びの場としての国語科授業研究（明治書院『日本語学』第28巻第5号　pp.64-73.　2009年）
第3章
　3.1：国語科教師が授業批評会を拠りどころに構築する実践理論としての国語科指導過程論―国語科教師の授業省察に関わる語りの分析を通して―（日本教育実践学会編『教育実践学研究』第12巻第2号　pp.9-20.　2011年）
　3.2：同僚教師からの批評に基づき国語科教師が授業を省察する際の思考様式に関する一考察―「読むこと」の授業における教授技術の省察を中心として―（日本教科教育学会編『日本教科教育学会誌』第33巻第1号　pp.11-20.　2010年）
　3.3：研究授業経験をインタビュアーとともに振り返ることにより構築される高等学校国語科教師の実践的知識とその意義に関する事例研究（『和歌山大学教育学部紀要―人文科学―』第61集　pp.21-30.

まえがき

2011年）
- 3.4：高等学校国語科教師が研究授業経験から獲得する授業実践のための知識—学習者の学びに寄り添った教科内容をめぐって—（『和歌山大学教育学部紀要—人文科学—』第62集　pp.29-38.　2012年）
- 3.5：授業批評会を拠りどころに国語科教師が構築する授業実践知の文脈複合性に関する事例研究—学習者が教材文を読み深めるために必要な教師の働きかけに焦点化して—（『和歌山大学教育学部　教育実践総合センター紀要』No.21　pp.67-75.　2011年）

第4章
- 4.1：高等学校国語科一教師の実践的知識の成長過程に関わる事例研究—授業経験知の語りの分析を通して—（日本教育実践学会編『教育実践学研究』第10巻第2号　pp.21-30.　2009年）
- 4.2：国語科教師が持つ授業実践知の習熟過程に関する事例研究（『和歌山大学教育学部紀要—人文科学—』第59集　pp.1-9.　2009年）
- 4.3：現職国語科教師が理想とする、経験知としての授業実践知の特質に関する事例研究（『和歌山大学教育学部　教育実践総合センター紀要』No.19　pp.63-69.　2009年）

第5章
本書のための書き下ろし

# 目　次

## 第1章　問題の所在と理論的背景
1.1　国語科教師研究の現状と本書の目的 …………………………… 3
1.2　研究対象としての国語科教師の授業実践知 …………………… 7
1.3　研究方法としてのナラティヴ・アプローチ …………………… 8
1.4　研究の手続きと本書の構成 ………………………………………10

## 第2章　初任教師から熟練教師に至る
　　　　国語科授業実践知の諸相
2.1　熟練教師と初任教師の国語科授業実践知の対照性 ……………14
2.2　教育実習生が授業観察で機能させる国語科授業実践知の課題 …33
2.3　教育実習生が授業研究で機能させる国語科授業実践知の課題 …44

## 第3章　研究授業経験を通じて構築される
　　　　国語科授業実践知の諸相
3.1　指導過程に関わる授業実践知の構築 ……………………………58
3.2　授業展開技術に関わる授業実践知の構築 ………………………79
3.3　学習目標と発問構成との連関に関わる授業実践知の構築 ……96
3.4　教科内容観に関わる授業実践知の構築 ………………………… 114
3.5　授業スタイルに関わる授業実践知の構築 ……………………… 135

## 第4章　実践でのつまずきを解消することによって
　　　　構築される国語科授業実践知の諸相
4.1　発問技術を支える授業実践知 …………………………………… 153
4.2　学習者の世界観の深化・拡充を図る授業実践知 ……………… 168
4.3　主体的に教材文へ向き合う学習者を育てる授業実践知 ……… 189

## 第5章　国語科授業実践知研究によって開かれる教師の学習のあり方

5.1　初任教師から熟練教師までの多様な事例についての
　　　記述スタイル ……………………………………………………… 205
5.2　事例の意義としての省察のための手がかり ………………… 206
5.3　国語科教師研究としての本書の意義 ………………………… 207
5.4　各章の概要 ……………………………………………………… 208

　あとがき……………………………………………………………… 213
　索　引……………………………………………………………… 217

教師の学習を見据えた国語科授業実践知研究
―経験に学ぶ国語科教師たちの実践事例からのアプローチ―

# 第 1 章　問題の所在と理論的背景

## 1.1　国語科教師研究の現状と本書の目的

　本書は、平成19（2007）〜20（2008）年度文部科学省科学研究費補助金（若手研究B：19730548）、および、平成21（2009）〜22（2010）年度文部科学省科学研究費補助金（若手研究B：21730696）による国語科教師研究の成果を中心としつつ、それに関連する既発表論文を加え、全体の構成を整えて書き上げたものである。

　本書の目的は、国語科教師が国語科授業実践において機能させている授業実践知とその構築過程を解明し、国語科教師研究で残された課題解決を試みることにある。授業実践知とは、教師自身の種々の経験の蓄積によって形成される、授業実践を成り立たせている具体的文脈に依存している、教科内容・学習者・教授技術といった諸領域にまたがる複合性を持つ、などの特質を持つ専門職ならではの知である。そして、その内容は、授業という現象と、その現象を背後で支える可視化できない、教師の判断・意図との総体として記述できる（吉崎：1987）（佐藤：1997）（秋田：2000）（藤原：2000）。国語科教師の授業実践知の内容とその構築過程とを授業改善に向けた教師の学習過程として描き出すことによって、学び続ける教師のための学習過程モデルが提示できる。

　本書では、国語科を構成する諸領域のうち「読むこと」の領域の授業に関わって、教育実習生を含む初任教師から熟練教師に至るまで、多様な国語科教師の実践事例を集積・分析することによって、授業実践知とその構築過程の諸相を解明する。

　本書は、国語科教師が保有する授業実践知を研究対象としているため、

教師研究に位置づけられるわけであるが、国語科教師研究は、教師の学習と関連して政策的には喫緊の課題となっている一方で、学術研究の数がそれほど多くないため多くの課題が残されている現状にある。

　政策面では、中央教育審議会（2012）「教職生活の全体を通じた教員の資質能力の総合的な向上方策について（答申）」で「学び続ける教員像」が課題として提起された。教師の学習（研修）は、今後ますますその重要性が高まるとともに、その方策の具体化が喫緊の課題となっている。とはいうものの、教師の学習（研修）は、従来から、教育委員会が行う校外研修、校内研修、民間教育研究団体による研修として、さまざまに工夫され取り組まれてきた経緯がある。ところが、そうした取り組みが、個々の教師の個性的な学びとしていかに結実しているのかを明確化できていない現状もある。そのため、たとえば、教育委員会による教員研修は、個々の教員の要求に応じたものになっていないといった課題を抱えることとなる。教員研修は、本来、個々の教師の力量形成に資するべく実施されるのであるが、「受動的性格」「技術的対応主義」で、「個々の教師の個人特性への配慮がかなり乏し」く、「教師自身の『自己理解』の深化と『自己省察』の充実」（西：2002）による授業実践力の向上がままならないというのである。

　また、中央教育審議会（2005）「新しい時代の義務教育を創造する（答申）」では、信頼される教師の養成・確保のための、現職研修の改善・充実に関して、「教師の優れた指導実践を蓄積し、他の教師に継承していくことで、教師全体の指導力の向上を図る」方策の検討が必要とされている。ただし、「教師全体の指導力の向上」のためには、一人ひとりの教師が、自分以外の「教師の優れた指導実践」を参照しながら授業改善を図る、教師の学習が必要不可欠である。

　このように、昨今の教育政策答申を鑑みるに、専門職としての教師の学習は教育実践における重要課題として位置づけられる。本書で解明する授業実践知は、実践の文脈を捨象して理論化した知ではなく、個々の教師の実践（学習）経験をふまえて記述したものである。したがって、これから

第1章　問題の所在と理論的背景

の時代の教師に期待される、実践のための学習のあり方を展望するための手がかりとしての意義を持つ。

　一方、国語科教師研究を通観すると、全国大学国語教育学会（1997）でまとまった研究成果が報告されるなど、課題そのものは重要視されているが、国語科教育研究全体に占める研究数は少ない。そうした中で、以下の通り、大きく3つの方向で研究が進められてきたと言える。1つは、教師たちが授業実践において、直接、参照・活用できる普遍的一般的知識・視座を提供する、いわば、理論知に関わる研究である。鶴田（2009）が総括している通り、国語科教師に求められる指導過程・方法・技術を追究した、教育科学研究会、児童言語研究会、文芸教育研究協議会、科学的「読み」の授業研究会など、民間教育研究団体による研究成果が挙げられる。また、国語科教師の指導技術を体系的に論じた研究（井上：2005）、さらに、国語科教師に求められる力量を分析的要素的に提示した研究（鶴田：2007）（望月：2009）、優れた実践者の指導実態をモデル化した研究（全国大学国語教育学会：2009）などもある。

　2つ目は、特定の教師の実践の文脈を丁寧に見取りながら、それを意味づける研究である。代表的なものとして、自らの国語教育実習経験を意味づけた野地（1981）の研究、「集団的リフレクション」「対話的リフレクション」などを通して国語科説明文授業の実践のあり方を考察した澤本・お茶の水国語研究会（1996）の研究、遠藤瑛子氏の実践的知識の形成と変容を探究した藤原・遠藤・松崎（2006）の研究、アクション・リサーチにより実践知としてのフレームの発見と相対化を目指す細川（2005）の研究などが挙げられる。

　3つ目は、教師同士の学び合いによる教師の学習過程を解明する比較的新しい研究である。松崎（2012）は、先輩教師に影響されながら変容する初任教師の事例を扱っている。細川（2012）は、初任教師同士が学び合うことによって自分の実践の特質（フレームの変容）を発見するに至る過程を解明している。

　これまでの国語科教師研究では、個々の教師の実践の文脈や学習過程を

意識的に解明した上記2つ目・3つ目の研究は少数である。国語科指導過程や発問など、現職教師たちが授業づくりのために普遍的に参照できる指導方法・技術に関わる上記1つ目の研究が圧倒的多数を占める。しかも、指導方法・技術に関わる研究は、そもそも教師の実践の全体を丸ごと対象化してなされた研究は多くないと考えられる。したがって、授業改善のために教師の学習をどう進めていけばよいのかといった学習過程や、専門職としての国語科教師ならではの知識の特質などについては、参照できる先行研究が限られている。

　もちろん、教師の学習への示唆については、藤原（2006）が、「典型性」という概念を提示することによって、他の教師に及ぼす実践的意味について言及したり、細川（2005）が、他の教師の「フレーム」との比較検討による自己の「フレーム」の発達について示唆を与えたりしてはいる。しかしながら、教師の学習についての具体的な事例研究の蓄積は十分とは言い難い。そもそも、教師の学習過程研究は、主に、国語科に限定されない教育学研究の領域で行われているため（丸野・松尾：2008）（坂本・秋田：2008）（秋田：2008）（北田：2009）、国語科の教科内容に関わる専門知が、教授方法など教科に限定されない専門知とどう関係しながら教師の授業実践知として結実しているかが十分解明できていないのである。

　そこで、本書は、国語科教師研究における3つの方向での先行研究をふまえつつ、国語科教科内容と関連させつつ、教師の学習過程を通じて構築された授業実践知について種々の事例を提示する。つまり、初任教師・中堅教師・熟練教師など様々なタイプの国語科教師が教職経験全体を通して築き上げる授業実践知を概念化したり、あるいは、研究授業経験を省察し意味づける・実践でのつまずきを克服するなどして授業改善を図る国語科教師の学習過程を解明したりすることによって、多くの教師たちが「学び続ける」ために参照できる知を提示しようというのである。個々の国語科教師が、どのような過程で自らの授業を省察し、授業実践知を磨いていくかについての見通しを示し、国語科授業実践と教師の学習研究との進展を図ることを目指している。

## 1.2 研究対象としての国語科教師の授業実践知

　本書が、授業実践知を研究対象とした背景、および、授業実践知を研究対象としながら、その構築過程（教師の学習過程）を解明するに至った背景について説明する。

　授業改善のための授業研究は、実践の文脈を重視する傾向にある。つまり、どの教師、どの教室でも普遍的に適用する授業理論を脱文脈的に抽象化された形で開発する研究から、教室での実践の文脈をふまえつつ教師の「知識」や「思考」などの実践的認識を解明する教師研究への転換が図られている（佐藤：1999）。このように、研究の視座が転換したのは、「技術的熟達者」に対する「反省的実践家」としての教師による省察行為によってこそ、授業改善が図られるからである（ショーン：2001）。脱文脈化された抽象的な授業理論を直接的に実践へ適用するだけでは、多種多様すぎる個々の教室に応じた授業改善は困難であるという現実がある。こうして、個別実践事例の固有性を抜きにして授業をとらえるのではなく、個性を持った教師による固有の実践という、実践の文脈を重視した授業研究が主流となってきつつある。

　ところで、授業中における教師の専門職としての諸々の行為は、教師が保有する知識に媒介されて発揮される。生田（2004）は、授業における「教育技術は、これまでの研究から『意思決定技術』と『行動の技術』、そしてその背後にある教師の保有する『知識』によって構成され」、「教師の知識が、授業過程での教師の意思決定と行為を支え」るとしており、教師の行為を方向づける基盤に教師の知識は位置づけられる。

　このように、実践の文脈が重視されている、教師の知識が授業実践を支えているといったことから、本書では、実践の文脈に依存した教師の経験的知識である授業実践知を研究対象としたのである。

　また、本書で概念化する教師の知識は、「反省的実践家」である教師のための授業実践知であるがゆえに、授業改善や教師としての成長のために

は、その知を絶対化・固定化させることなく、省察による探究（教師の学習）を通じて更新させ続けることが重要である（浅田：2004）。また、経験の反省、あるいは、教師間での相互作用により教師の知識形成が図られる（秋田：1992）、物語るという行為を中心に据えた省察の方法論が教師の知識をとらえるために提示されている（島田：2009）といった、教師の知識と学習を結びつけた先行研究のレビュー論文などもある。さらに、アメリカの代表的教師教育者・ショーマンは、「知識基礎」と、教師の学習過程である「教育的推論と行為」とを切り離せないと考えている（八田：2010）。

このように、教師の学習によって教師の知識を更新し続けることによって授業改善といった実践性が発揮される、教師の知識研究は教師の学習研究と連動して発展してきている、以上のことから、教師の知識と教師の学習とは関連づけて論じる必要がある。

## 1.3 研究方法としてのナラティヴ・アプローチ

本研究の対象は、実践経験を基盤に構築される教師内部に保有されている授業実践知であるため、教師の認識・判断・意図を概念化する必要がある。それは、個々の教師の経験を単純に断片的に寄せ集めたものをもって成果とするわけではない。国語科授業についての、個々の教師の、意味ある経験プロセスを組織立てて概念化するのである。したがって、教師の語りをナラティヴ・アプローチによって分析・解釈するという方法を採用する。

ナラティヴ・アプローチとは、先行研究によれば、「経験の具体性や個別性を重要な契機にして」「順序立てることで成り立つ」ものであるとともに（野口：2005）、「ある『トポス（場所）』における『むすび』によって、新しい意味が生成」されるものである（やまだ：2006）。さらに、「出来事の時間的順序を伝える」という「時間性」、何らかの意味あるものを伝えるという「意味性」、社会的産物としての「社会性」という3つの特

第1章　問題の所在と理論的背景

徴を持つ（野口：2009　pp.8-10.）。また、教師の語り（ナラティヴ）は、「教師が授業など教育実践の積み重ねのなかで形成しつつ、ある実践のなかで駆使している経験的な見識」（藤原：2007）に迫れる。これらの特質は、本研究が対象とする授業実践知の内容にも当てはまるため、研究の方法として適切である。

　また、教師の語りを分析対象としつつも、どんな内容の語りでもよいというわけではない。過去の実践を現在の視点から省察し未来を見通すという、授業実践知の更新に至る教師の学習過程を解明するというインタビュアーの関心に沿って導き出された教師の語りが分析対象となる。したがって、「語りは過去の出来事や語り手の経験したことというより、インタビューの場で語り手とインタビュアーの両方の関心から構築された対話的混合体にほかなら」（桜井：2002）ず、かつ、「語りには、プロットで構成される〈あのとき－あそこ〉の物語と〈いま－ここ〉のインタビュー過程をわけるフレームが存在している。〈いま－ここ〉ではたされる主要な機能は物語に対する〈評価〉であって、」「語られた物語の意味と語りの理由や動機を表す」。「この二つの位相をふくむ全体がライフストーリーの語りなのである」（桜井：2006）とするライフストーリー研究にも位置づけられる。

　さらに、教師の語りによる「ライフストーリー研究とは、（中略）ナラティヴ（語り・物語）を通して世界や人間をみていくという（中略）〈ものの見かた〉が含まれている。（中略）したがって、この研究法を学べば、（中略）自分自身やほかの人びとや周りの環境を主体的に生成的に変えていく知恵としての〈ものの見かた〉や〈方法論〉を学ぶことができ」（やまだ：2005）、「ナラティヴ・アプローチはナラティヴという概念を使ってなんらかの現象に立ち向かう方法の総称で（中略）個々の語りがなぜそのようなかたちで存在しているのか、今後どのように変化しうるのか」（野口：2009　p.275.）を解明できる。つまり、ナラティヴ・アプローチによるライフストーリー研究は、語りの必然性をとらえること、語る内容の変化に開かれていることを、方法論的特徴として持っているため、個々の教師

固有の授業実践知とその構築過程（学習過程）を解明する本研究の方法として適切である。

## 1.4 研究の手続きと本書の構成

本研究では、高校国語科教師に関して、教育実習生を含めた初任教師から教職経験20年を超える熟練教師まで、多様な教師たちの事例を取り上げ、分析・考察を進めた。

分析の対象としたのは、主として、インタビュー調査において語られた教師の語りである。ただし、語り手の教師と聞き手である筆者とが、実践の文脈を共有し、かつ、実践の事実に基づきながら、本研究の目的に沿ったインタビューが遂行できるよう、筆者は、各教師たちの授業実践資料（学習指導案・学習者に配付するプリント類など）を事前に収集・検討するとともに、実際の授業を観察し、教師−学習者のやり取りや板書内容を記録に残すなどの工夫も必要に応じて行った。

インタビュー調査では、筆者がインタビュアー（聞き手）となり、国語科教師を語り手とするインタビューを行った。インタビューは、それぞれの教師が実践した授業の事実に即して展開した。インタビュー・データは文字化した後、インタビュー全体の文脈を尊重しながら、分析・考察を進めた。

以下、本書各章の概要を示す。

第1章では、本書全体の研究目的と本研究の学術的背景とを示すことによって、研究対象としての国語科授業実践知とその構築過程（教師の学習過程）、研究目的実現のための方法としてのナラティヴ・アプローチ、それぞれの必然性を述べた。

第2章では、教育実習生を含めた初任教師がとらえる授業イメージが、熟練教師のように授業を構成する個々の事象を総合的・全体的にとらえたものとはならず、事象を断片的・部分的にとらえたものとなりがちであることを示した。そのため、授業の理想像が確立していたとしても、その理

想の実現がままならない実態が浮き彫りとなった。

　第3章では、初任教師および熟練教師が、研究授業を経験することによって構築した国語科授業実践知を示している。つまり、それぞれの教師たちが、同僚教師を対象とした授業公開と研究協議、いわゆる研究授業を経験することによって、指導過程・発問・教材分析のあり方といった国語科授業実践に関わる種々の知識を、どのような省察＝教師の学習過程を通して構築するに至ったのかについての種々の事例分析結果を記述している。

　第4章では、中堅教師・熟練教師が、過去から現在に至る実践の履歴をふまえて未来を見通す中で構築した国語科授業実践知を提示する。具体的には、それぞれの教師たちが、主として初任教師時代に経験した実践のつまずきをふまえ、そのつまずきを克服し、学習者の学びに寄り添った現在の国語科授業実践知を構築するに至った、教師の学習過程を示している。

　第5章では、本研究が、国語科教育に関わる先行研究で不十分な領域の課題解明につながることを示すとともに、各章の結論の概要を記述することによって、教師たちが国語科授業実践知を磨き更新するに至る過程を、教師の学習のあり方として提起した。

**参考・引用文献**
秋田喜代美（1992）「教師の知識と思考に関する研究動向」『東京大学教育学部紀要』32　pp.221-232.
秋田喜代美（2000）「教えるための実践的知識」森　敏昭・秋田喜代美編『教育評価重要用語300の基礎知識』　明治図書　p.223.
秋田喜代美（2008）「授業検討会談話と教師の学習」秋田喜代美／キャサリン・ルイス編著『授業の研究　教師の学習　レッスンスタディへのいざない』　明石書店　pp.114-131.
浅田　匡（2004）「授業体験の知」梶田正巳編『授業の知』　有斐閣　pp.212-214.
ドナルド・ショーン著、佐藤　学・秋田喜代美訳（1983原著）（2001訳）『専門家の知恵』　ゆみる出版
藤原　顕（2000）「教師のカリキュラム経験―実践的知識の形成と教師の成長」グループ・ディダクティカ編『学びのためのカリキュラム論』　勁草書房

p.74.

藤原　顕（2006）「教師の実践的知識とライフヒストリー―研究の目的と方法」藤原　顕・遠藤瑛子・松崎正治『国語科教師の実践的知識へのライフヒストリー・アプローチ―遠藤瑛子実践の事例研究―』　渓水社　pp.24-26.

藤原　顕・遠藤瑛子・松崎正治（2006）『国語科教師の実践的知識へのライフヒストリー・アプローチ―遠藤瑛子実践の事例研究―』　渓水社

藤原　顕（2007）『教師の語り―ナラティヴとライフヒストリー』秋田喜代美・藤江康彦編『はじめての質的研究法　教育・学習編』　東京図書　p.337.

八田幸恵（2010）「リー・ショーマンにおける教師の知識と学習過程に関する理論の展開」日本教育方法学会編『教育方法学研究』35　pp.71-81.

細川太輔（2005）「国語教育におけるアクション・リサーチの可能性―実証主義からのパラダイム転換を―」全国大学国語教育学会編『国語科教育』58　pp.34-41.

細川太輔（2012）「初任期教員のフレームの変容」全国大学国語教育学会編『国語科教育』72　pp.33-40.

生田孝至（2004）「授業の知と教育技術」梶田正巳編『授業の知―学校と大学の教育革新』　有斐閣選書　pp.168-169.

井上尚美（2005）『国語教師の力量を高める―発問・評価・文章分析の基礎―』明治図書

北田佳子（2009）「校内授業研究会における教師の専門的力量の形成過程―同僚との協同的学習過程を分析するモデルの構築を目指して―」日本教師教育学会編『日本教師教育学会年報』18　pp.96-106.

丸野俊一・松尾　剛（2008）「対話を通した教師の対話と学習」秋田喜代美／キャサリン・ルイス編著『授業の研究　教師の学習　レッスンスタディへのいざない』　明石書店　pp.68-97.

松崎正治（2012）「同僚に学びながら教師になっていく」グループ・ディダクティカ編『教師になること、教師であり続けること』　勁草書房　pp.115-136.

望月善次（2009）「国語科教師に望む―教師力量モデルによりながら―」全国大学国語教育学会編『国語科教育実践・研究必携』　学芸図書　pp.233-237.

西　穣司（2002）「教師の力量形成と研修体制」日本教師教育学会編『教師として生きる』　学文社　p.223.p.226.

野地潤家（1981）『国語教育実習個体史』　渓水社

野口裕二（2005）『ナラティヴの臨床社会学』　勁草書房　p.6.

野口裕二（2009）『ナラティヴ・アプローチ』　勁草書房　pp.8-10. p.275.

桜井　厚（2002）『インタビューの社会学―ライフストーリーの聞き方』　せりか書房　pp.30-31.

桜井　厚（2006）「ライフストーリー・インタビューの意義と方法」『言語』35-2　大修館書店　p.62.
坂本篤史・秋田喜代美（2008）「授業研究協議会での教師の学習—小学校教師の思考過程の分析—」秋田喜代美／キャサリン・ルイス編著『授業の研究　教師の学習　レッスンスタディへのいざない』　明石書店　pp.98-113.
佐藤　学（1997）『教師というアポリア—反省的実践へ—』　世織書房　pp.41-42. pp.172-174.
佐藤　学（1999）「カリキュラム研究と教師研究」安彦忠彦編『新版カリキュラム研究入門』　勁草書房　pp.163-169.
澤本和子・お茶の水国語研究会編（1996）『わかる・楽しい説明文授業の創造—授業リフレクション研究のススメ』　東洋館出版社
島田　希（2009）「教師の学習と成長に関する研究動向と課題—教師の知識研究の観点から—」信州大学教育学部附属教育実践総合センター紀要『教育実践研究』10　pp.11-20.
中央教育審議会（2012）「教職生活の全体を通じた教員の資質能力の総合的な向上方策について（答申）」
中央教育審議会（2005）「新しい時代の義務教育を創造する（答申）」
鶴田清司（2007）『国語科教師の専門的力量の形成—授業の質を高めるために—』　溪水社　pp.40-41.
鶴田清司（2009）「言語と教育—国語科の授業研究」日本教育方法学会編『日本の授業研究　上巻　授業研究の歴史と教師教育』　学文社　pp.41-45.
やまだようこ（2005）「ライフストーリー研究　インタビューで語りをとらえる方法」秋田喜代美他編『教育研究のメソドロジー』　東京大学出版会　p.192.
やまだようこ（2006）「質的心理学とナラティヴ研究の基礎概念—ナラティヴ・ターンと物語的自己—」心理学評論刊行会『心理学評論』49-3　pp.440-441.
吉崎静夫（1987）「授業研究と教師教育(1)—教師の知識研究を媒介として」日本教育方法学会編『教育方法学研究』13　pp.11-17.
全国大学国語教育学会編（1997）『国語科教師教育の課題』　明治図書
全国大学国語教育学会編（2009）『国語科教育実践・研究必携』　学芸図書　pp.250-270.　なお、各人物の執筆者は、芦田恵之助−村井万里子、青木幹勇−大内善一、東井義雄−菅原稔、大村はま−甲斐雄一郎、増淵恒吉−渡辺春美である。

# 第2章　初任教師から熟練教師に至る国語科授業実践知の諸相

　専門職としての教師は、生涯にわたる実践とその「省察」、さらに、理論を実践の文脈に即して解釈する「熟考」を通じて専門性を高め続ける（佐藤：1997　pp.57-65.）。そして、学び続ける教師たちの専門性について、初任教師には初任教師なりの専門的特性が、熟練教師には熟練教師なりの専門的特性がある（佐藤・岩川・秋田：1990）。

　本章では、教職経験20年を超える熟練教師、教職経験数年の初任教師、さらに教育実習生と、それぞれ異なる経験段階にある国語科教師を対象に、それぞれの実践事例を分析・考察することによって、国語科教師の授業実践知に関して、経験の多寡に応じた特質を明らかにする。あわせて、初任教師や教育実習生といった教職経験の少ない教師たちが、授業改善のために解決すべき課題も解明する。

## 2.1　熟練教師と初任教師の国語科授業実践知の対照性

### 2.1.1　問題の所在

　本節では、国語科教師の発問（学習者への課題提示）行為に関わって、その行為を支える授業実践知の構造を解明するが、熟練教師と初任教師の事例をそれぞれ対照させながら、両者に共通する授業実践知の一般性と、熟練教師ならではの卓越性を浮き彫りにする。研究の方法として、筆者を聞き手とする半構造化インタビューで話された教師の語りを分析し、その語りの中から鍵概念を析出することによって考察を進めた。

　なお、本節で事例分析の対象とした教師たちの授業は、その特徴が発問に見出されることから、種々の授業技術のうち発問を取り立て、それを支

える授業実践知の構造を解明した。

　筆者は、同じ教師たちを対象に、数年にわたる調査（授業観察・インタビュー）を継続しているが、先生がたの授業づくりにおけるこだわりが発問にあるとともに、発問のあり方如何によって学習者の学びの様相が左右されていた実践の事実（学びが促されたり停滞したりといった現象）を見出している。

　そこで、インタビューで筆者は、先生がたに対して、発問行為の意味づけに焦点化するような問いかけを行い、先生がたも、後述するように、自分の授業づくりのこだわりを発問に見出し、その意味づけを深めている。したがって、インタビューという相互行為によって協同構成された物語は、教師の発問行為の意味づけに焦点化されたものとなった。

　ところで、これまでの発問研究は、発問と教材との関わりの研究、あるいは、発問と学習者との関わりの研究が中心となり（豊田：2007）、発問とそれを支える教師の授業実践知との関係については十分に解明し得ていない。吉本（1995）は、教科領域を限定せず、教材への指さしとしての発問のあり方を提示しているが、それは学習集団の質を向上させるための発問研究であり、発問と学習者との関わりの研究として位置づけられる。また、国語科「読む」領域における発問研究として、井上（2005）は、学習者の読みの心理過程に基づき「知識」「解釈」「評価・批判」の３類型の発問を提示したが、これも発問と学習者との関わりの研究として位置づけられる。さらに、発問のみに特化した研究ではないが、文芸教育研究協議会（2005）や宮崎（1980）の研究は、それらの授業案を見る限り、発問と教材との関わりの研究に位置づけられる。このように、これまでの発問研究は、教材・学習者との関わりを中心に展開されてきており、教師の授業実践知との関係に踏み込んだものとはなり得ていない状況にある。

## 2.1.2　事例の記述と解釈——熟練教師と初任教師との比較

　以下、文学的な文章（小説）を読む授業での発問行為を支える国語科教師の授業実践知について、熟練教師の知識構造を、初任教師のそれと対照

的に記述・解釈する。記述の順序は、それぞれの先生が発問にこだわる理由、実際の授業場面での発問行為、その発問行為を支える授業実践知の構造という順序で進める。なお、以下、〈　〉はインタビューにおける教師の語りを、【　】は授業実践知を構成する鍵概念を、［　］は実際の授業での発問行為を象徴する鍵概念を、それぞれ示す。また、インタビューでの教師の語りの引用部分における下線は筆者によるものである。

### 2.1.2.1　熟練教師（N先生）の事例
#### 2.1.2.1.1　調査の概要

　筆者は、平成20（2008）・21（2009）・22（2010）年度とも年度内に各1回ずつ、N先生を対象とした授業観察・インタビュー調査を実施した。本節では、平成22年度調査結果を対象とした分析を行い、N先生の発問行為を支える授業実践知の構造を提示するが、それはそれ以前の年度における調査結果にも通底するものである。N先生は、中国地方の公立高校（大学進学中心の教育課程編成校）に勤務する、教職経験20年を超える国語科指導教諭である。なお、優れた授業実践者として、教育委員会のみならず、文部科学省からも表彰を受けている。現在、指導教諭として、勤務校での業務のみならず、県内各所で実施される研究授業の指導助言を担当されている。なお、以下に引用したN先生の語りは、注記のない限り、平成22年度調査によるものであるが、一部、平成20・21年度調査での語りも混在している（平成22年度以外の語りには注記を施している）。

#### 2.1.2.1.2　N先生の発問行為へのこだわり

　N先生は、発問にこだわって実践を重ねている。それは、インタビューでの語りと、実践の事実とから言える。

　N先生は、平成20年度調査において、〈生徒の反応に応じた発問〉こそが、授業をおもしろくできるかどうかのポイントであり、〈ある発問をきっかけにしてそこから広がる対話〉を重視した授業を実践したいと語っている。さらに、翌21年度調査では、教師の説明を一方的に聞いて学ぶだけではなく、発問を契機に学習者が主体的に発言し合う授業が理想である

と語った上で、発問の重要性について次のように語る。

　　〈それはもう一番重要なのは、発問だと思います。だから、考えたくなるような発問を用意することですよね。(中略) 目標、授業の目標、それを生徒に考えさせるためには、やっぱり発問が、うまく創られて、構成されていないといけない、ということですね。その発問が、うまく考えてあれば、生徒が主体的に考えるであろうという、とこですかね。(平成21年度の語り)〉

　教師が教え学ばせたいと考える学習目標に向かって学習者が主体的に考え発言するという理想的な授業は、〈うまく創られて、構成され〉た〈考えたくなるような発問〉によって実践できると語る。
　また、筆者が観察したN先生の授業では、先生が発問を提示することにより、学習者が主体的に教材文を読み深めていた。学習者たちは、先生の発問を手がかりに、自ら主体的に教材文のことばと格闘し自分なりの読みを導き出そうと試行錯誤していたのである。
　つまり、N先生の語りと実践の事実とを照合させた結果、N先生は、発問にこだわって授業づくりをしていると言える。

### 2.1.2.1.3　平成22年度授業の概要

　対象は、高校2年の現代文（夏目漱石「こころ」三省堂『高等学校現代文改訂版』pp.127-129.）の授業である。「K」の告白（「お嬢さん」への恋）を聞いた「私」が、言葉によって「K」を追い詰める場面である。当日の授業は、「私」が、どういう言葉でもって「K」を追い込み、自分の利害と衝突しないように導こうとしているかを、教材文中の特徴的な表現を取り上げ、その表現のされ方にこだわりつつ、教室全体で理解を深めるという展開であった。たとえば、教材文で、「待ち受け」と表現しておきながら「待ち伏せ」と表現し直す箇所、「あまりに正直」以下「あまりに」を3回繰り返す箇所、「そこに敬意を払う」以下「そこ」を3回繰り返す箇所などが取り上げられた。それらの表現上の特徴についてN先生が発問を

し、それらの表現が本文でなされた意味（「私」が「K」を追い込むことに帰着）について、学習者が、グループ協議を交えつつ、理解と共有を図るという展開であった。

**2.1.2.1.4　平成22年度授業での発問**

　N先生の授業は、先生が、教材文中の、ある一部の表現に注目し、その表現を教材文全体の文脈の中に位置づけ解釈する発問（N先生の発問のキーワードを［表現の意味づけ発問］とする）を学習者に提示しながら展開する。

　実際の授業での［表現の意味づけ発問］の1つとして、教材文「私はKと並んで足を運ばせながら、彼の口を出る次のことばを腹の中で暗に待ち受けました。あるいは待ち伏せと言ったほうがまだ適当かもしれません。」（傍点筆者による）に注目し、「『待ち受ける』と『待ち伏せる』はどう違うのかな？」という発問が提示された。この発問に対して学習者たちは、いわゆる一問一答式の正解到達型授業で見られるような、教師の求める正答に縛られることもなく、また、反応が儀式的になったり停滞したりすることもなく、主体的に思考発言をしていた。N先生の［表現の意味づけ発問］は、基本的に、答えの方向は定めながらも答えの内容を限定せず、学習者の多様な発言を許容する。先生は、学習者の種々の発言を引き出し整理しながら、到達させるべき読みへ向けて学習者を牽引していく。当日の授業で、学習者は即座にグループに分かれ（事前に先生がグループ結成）、話し合いが開始された。数分後、グループでまとまった意見として、「待ち受けるだけでは自分の策略がKに知られてしまう。待ち伏せでは自分の策略がKに知られない。隠れて待つ。」とか、「待ち受けるは向こうから来る。待ち伏せはこちらが待つ」とか、「待ち伏せは心に何か持って待つ。」その他、数グループの意見が提示された。学習者の発言は、いずれも、「待ち受け」と「待ち伏せ」の言葉そのものの辞書的意味におけるニュアンスの違いをふまえつつ、「私」が置かれた状況の文脈に言及していた。それを受けてN先生は、ここで「私」が一旦「待ち受け」と語りながら「待ち伏せ」と言い換えた理由について、「『待ち受け』では、『K』が『私』の策略に気づかないまま徐々に『私』に追い詰められていく様子

が表現できないため、わざわざ『待ち伏せ』に言い換えたのだ」と、学習者の発言をふまえた総括をした。

　続く授業も、［表現の意味づけ発問］を媒介に学習者が主体的に思考し、発言を繰り広げ、先生がそれらの発言を整理し読み取るべき事柄の総括を行うという展開で、たとえば、語り手が「あまりに正直」以下「あまりに」を3回繰り返す意味、さらには、「そこに敬意を払う」以下「そこ」を3回繰り返す意味などを読み深めた。こうして、「私」が「K」を徐々に追い詰めていく過程として位置づく特徴的な複数の表現に注目し、［表現の意味づけ発問］を提示し、学習者の応答、教師の評価・総括を繰り返すことにより、「私」が「K」を追い詰めていく様相を帰納的に押さえるとともに、そうした教材文の表現のされ方の特徴に見られる作者・夏目漱石の表現の緻密さを、教室全体で理解したのである。

#### 2.1.2.1.5　発問を支えるN先生の授業実践知の構造

　先に提示した「『待ち受ける』と『待ち伏せる』はどう違うのかな？」に代表されるN先生の［表現の意味づけ発問］は、以下に引用した語りからもわかるように、【目指す読み】【目指す学習者】【発問生成の過程】といった授業実践知の構成要素が相互に関係し合うという構造によって生成されている。

○【目指す読み】について

　N先生の［表現の意味づけ発問］は、授業で【目指す読み】に向けて提示される。前述の「『待ち受ける』と『待ち伏せる』はどう違うのかな？」という［表現の意味づけ発問］による【目指す読み】を、先生は次のように語る。

　　〈「待ち受け」「待ち伏せ」を考えることも、ただ、表現として違いを考えるだけじゃなくて、「私」の「K」に対する意識、敵対意識が、徐々に強まっていって、どんどん「K」を追い詰めていく様子をわかるようにしたいっていう。言葉の違いに気づくだけでも、それはおもしろいんですけど、それは、言葉の段階でとどまっていますから、そ

れからやっぱり、「私」が「K」をどんなふうに見つめていって、ど
んなふうに「K」を追い詰めていってるかというところには、つなげ
ていこうとしてたんです。〉

　このように、[表現の意味づけ発問]を介して、教材文の表現のされ方
にこだわりつつ、教材文の文脈内容（「K」を徐々に「私」が追い詰めてい
く）を読み深めていくことを【目指す読み】としているが、そうした読み
が持つ意義を、次のように語る。

　〈「待ち受け」と言っておいて、（語り手が「待ち伏せ」と……筆者補
足）言い直しているところは何だろうかと、（中略）言葉や表現を取
り上げて、それについて考えると、内容が深く、自分なりに読み取れ
ていく。なぜこの言葉なのかとか、なぜ作者がこういう表現をしたの
かということを考えていくことに、読むおもしろさ、小説を読むおも
しろさというのはあるねえというふうなことを最後にちょっと言いた
かった。〉

　「待ち受け」と表現した後、語り手がわざわざ「待ち伏せ」と言い換え
た表現意図に思いをめぐらすことで、作者・夏目漱石の表現の緻密さに思
いをいたすことができるという。学習者はここで、「K」を徐々に「私」
が追い詰めていく内容とともに、その内容を表現するための表現のされ方
をも読み取る。それは、〈内容が深く、自分なりに読み取れていく〉こと
によって生み出される〈読むおもしろさ〉であり、先生の【目指す読み】
が持つ学びの意義である。なお、〈読むおもしろさ〉については、次のよ
うに語る。

　〈生徒が、解釈することのおもしろさを、そこで味わうんじゃないで
すかね。自分で意味を見つけるとか、発見するとか、やっぱり、発見
のおもしろさですよね。（中略）生徒は、何かそれまでの自分は大し

20

てそんなに重要でないと思ってたりとか、何かそんなことを考えようとも思ってなかったことを、考えたとか、あっこんなこともあるのかというふうに、それまでの思考の枠組みというか、そういうものがちょっとこう外れて、考える、世界がこうちょっと広がって、発見できるという、そういうおもしろさがある発問がおもしろいと思うんですよ。〉

　教材文の内容だけでなく表現のされ方にもこだわることによって既有の思考の枠組みが再構築され教材世界の見方が広がり深まる、そんな発見を伴った読みを学習者に成就させることが〈読むおもしろさ〉である。
　このように、N先生にとっての【目指す読み】は、教材文の表現内容のみならず表現のされ方（ことばの尽くされ方）にもこだわって教材文を読み深め、学習者が〈読むおもしろさ〉をつかむところにあると言える。
　なお、この【目指す読み】は、平成20年度の語りにも表れている。その時点で先生は、教材文のことばの書かれ方へ徹底的にこだわり、ことばの連なりが文脈を通して浮かび上げる意味を見出していくことが、教材文解釈のおもしろさであるということについて、大学時代の恩師に教わり、先生自身共感したと語っている。また、筆者が観察した授業において、学習者が教材文の表現のされ方に意欲的主体的にこだわり、深層の読みを導き出している事実から考えても、教材文のことばにこだわるN先生の【目指す読み】は授業づくりにおいて必然性を持つと言える。

○【目指す学習者】について
　先生は教室で主体的に発言し合い教材文を読み深める学習者を育てたいと語る。

　　〈こちらが、魅力的な課題、質問でも、与えた時に、生徒たちがそれを興味を持って取り組んで考えて、それについての自分の考えを論理的に組み立てて、論理的に人に話ができるような、で、しかも、生徒同士で、意見が飛び交うというか、先生と生徒との間ではなくて、教

室の中で議論ができるような、そういう形が、私としては目指しています。(平成21年度の語り)〉

　この語りで注目されるのは、〈こちらが、魅力的な課題、質問でも、与えた時に〉と、学習者の主体的な発言が生まれる状況について言及している箇所である。学習者の主体的な発言は、自然発生的にではなく、教師の発問に学習者が関心を示した結果として生み出されるのである。
　ところで、先述の【目指す読み】での〈読むおもしろさ〉は、学習者の主体的発言によってではなく、教師側からの説明によってでも、学習者に理解させることができそうである。しかし、N先生は学習者の主体的発言にこだわる。その理由は次の通りである。

　〈それは、もう、何というか、私はやっぱり外国の授業なんかに参加した経験もあるので、やっぱり向こう(外国……筆者注)では、学年が上がるにしたがって、もう本当に積極的に自分の意見を言いますし、どんどん、何か質問(教師による発問……筆者注)したら、もうどんどん手が挙がって、いろいろ意見を言うんです。そういうのを見ると、どうして日本でできないのかなって、(中略)何とかそれをね、変えたいと思うんです。(平成21年度の語り)〉

　先生は、教師の発問を契機に学習者個々の発言がつながり、学びが高まっていく外国の授業を観察した経験を通じて、授業の理想モデルを獲得している。学習者の発言が少ないまま展開する日本の授業を、〈何とかそれをね、変えたいと思うんです〉と語る。ただし、ただ単に外国の授業にあこがれたという理由だけで、学習者の主体的発言を重視しているのではない。次の語りは、本時の１場面で、学習者に発言させなかったことが原因となり、学びが停滞した場面(学習者が「K」に関する発問に答えきれなかった場面)を先生なりに意味づけたものである。

〈Kの生き方についてなかなか（学習者の発言が……筆者補足）出なかったのは、Kの精進とか、精進の生き方についての押さえは、（中略）十分できてなかったと思うんです。<u>私がやっぱり説明しただけですから、生徒に教科書の中から、この間やったように</u>（筆者が観察した授業のように……筆者注）、<u>生徒自身に考えて導き出してないんですよ</u>。こちら（教師側……筆者注）が説明しているんです。<u>ああいうものはやっぱり身についてないですよ</u>。だから、（学習者の発言が……筆者補足）出てこなかったですよね。〉

　配当時間の関係から、前時までに扱った「K」の生き方については、教師側から説明するのみで、学習者の思考・発言を十分に引き出すという授業展開にはなっていなかった。〈私がやっぱり説明しただけ〉という、教師側からの説明を受け止めるだけの授業展開では、学習者は学習内容を消化できず、それが本時における主体的発言の停滞という現象に結びついたというのである。
　つまり、先生が主体的に発言する学習者にこだわるのは、印象的であった外国の授業に自分の授業を近づけたいからというだけではない。ある箇所を教師側からの一方的な説明によって素通りすると、後の関連箇所での学びが滞るという実践の事実を経験したからこそ、先生は主体的に発言する学習者にこだわる。
　このように、N先生にとっての【目指す学習者】は、教師側から学習者に興味ある内容の発問が提示され、学習者がその発問へ主体的に向き合い発言し、結果として教材文の読みを深められる学習者ということになる。
○【発問生成の過程】について
　［表現の意味づけ発問］が生成される過程について、N先生は、次のように語る。

〈本文をずっと読んで、自分がこういうイメージで教えたいという、ことがまず出てきたら、それを生徒にわかるように組み立てるには、

どの言葉を手がかりにしていこうかなと考えるんですよ。(中略)何でしょうねえ、おもしろい、おもしろく読みたいという、自分も発見しながら読みたいという、(中略)今回なんか特に研究授業だったから、すごく考えました。何か今までやってきて見逃していないかなとか、どうやったらおもしろくなるか、おもしろく、こう考えられるかなというのをすごく考えるので、そういう時には、いわゆるオーソドックスに、ここ重要とされている言葉じゃないところにも、目を向けるんですよ。そしたら、当然、そこの中に、ああこれおもしろいというのが見つかるんですよね。自然と。(中略)どうしたらいいかって、(教材文の……筆者補足)言葉ですからやっぱり、手がかりというのは、じゃあ、教科書の中のどの言葉を取り上げたら、生徒に考えさせることができるかなと考えると、そしたら、気がつくんですよ、自然と。引っかかってくるんですよ。〉

　［表現の意味づけ発問］は、〈自分がこういうイメージで教えたいという〉【目指す読み】を決め、教材文中の〈どの言葉を手がかりにしていこうかなと考える〉ことによって導き出されるという。本時の授業で扱われた「私」が「K」を追い込んでいくという文脈内容は、おそらく、どの国語科教師の授業でも扱われるであろう。ところが、先生の授業では、教材文の文脈内容を概括的に把握させるだけの展開にはならず、その文脈内容を読者に伝えるために、語り手はどういうふうにことばを尽くしているのかを読み取らせるという、教材文の表現のされ方にこだわる展開になる。したがって、そうした、教材文の表現のされ方にこだわる先生の発問は必然的に［表現の意味づけ発問］となり、その発問を生成するにあたっては、〈言葉ですからやっぱり、手がかりというのは〉と語るように、教材文中のことばにこだわるしか方法がないのである。

　さらに、先生は、その［表現の意味づけ発問］を学習者にとって〈おもしろい発問〉として仕立て上げるために、発問の〈裏にある意図〉の必要性を指摘する。

〈生徒が、すぐに発問の意図がわかる発問と、まあ、「待ち受け」と「待ち伏せ」の違いは何かという（辞書的な表面的……筆者補足）意味はわかっても、その裏にある（【目指す読み】に向かう教師の……筆者補足）意図まではわからないという発問と、両方ありますよねえ。だから、そうですねえ、その２種類（の発問……筆者補足）をうまく使い分けるというのは大事で、すべてが、すぐに（教師が……筆者補足）何を聞いているかというのがわかる発問だと生徒も飽きると思うんです。どっちかというと、最初は、裏の意図がわからないんだけれども、だんだんわかってくるように組み立てる、そういうふうに考える。（中略）それがやっぱり発問のおもしろさで、もちろん、さっきの、これ、これ、こういう表現は何て言うとかいうの（知識を確認するだけの発問……筆者注）は、すぐにわかるんですけど、そうじゃなくて、実はその発問の裏にはこういう秘密が隠れてたりというような、そういうことを考えながら、（発問を……筆者補足）創りましたねえ。そういう発問がやっぱりおもしろい発問になるんですよね。〉

　学習者はとりあえず発問の言葉を文字通りに受け取り、先生にとっての表の意図に沿って思考する。ところが、その表の意図に沿って思考する過程で先生が想定した〈裏にある意図〉の存在に気づき、教材文を読むことのおもしろさを実感するのである。たとえば、先にも例示した「『待ち受ける』と『待ち伏せる』はどう違うのかな？」という発問で、学習者は、当初、辞書的な意味において「待ち受ける」と「待ち伏せる」の違いを考える。ところが、それらの表現を文脈に置いて考えるに至り、本文の語り手の「私」が一度「待ち受ける」と言っておきながら、わざわざ「待ち伏せる」と言い換えていることに思い至る。そして、それはなぜかと考えることで、「K」を徐々に「私」が追い詰めていく文脈内容を表現するための工夫として作者・夏目漱石が試みた表現の緻密さに気づくのである。
　つまり、［表現の意味づけ発問］を生成する過程には、【目指す読み】に向けて、こだわるべき教材文のことばを見極めるとともに、学習者を飽き

させることなく【目指す学習者】として主体的に活動させるために、発問に表の意図と隠された裏の意図とを込めるという発問を二重構造化する【発問生成の過程】がある。

○【目指す読み】【目指す学習者】【発問生成の過程】の相互関係性

　N先生の［表現の意味づけ発問］を支える授業実践知は、【目指す読み】【目指す学習者】【発問生成の過程】といった諸要素の相互関係性により構成されている。ここでの相互関係性は、これらの諸要素がサイクルをなし循環しながら授業が展開するという仕組みになっている。つまり、【目指す読み】と【目指す学習者】とが相互参照される中で、［表現の意味づけ発問］を生み出すための【発問生成の過程】が進行する。そして、【発問生成の過程】の結果、実際の授業場面で、［表現の意味づけ発問］が学習者に向けて提示され、その発問に導かれて学習者が【目指す学習者】として主体的な発言を繰り返す。それをN先生が【目指す読み】につながっているかどうかを見極めつつ、学習者の発言を整理・総括するのである。そして、その後、次なる高次段階の読みの実現に向けて、再び同じサイクルを繰り返すというものである。

　要するに、［表現の意味づけ発問］という事象は、一見すると、授業をどう進めていくかという授業展開技術に思われがちだが、単純に授業展開技術そのもののみで自己完結するものではない。何を目指して、学習者をどういう状態で導いていくのか、そして、そのために当該教材の表現性を生かし、どういう過程で発問を生成するのかといった種々の要素が緊密に絡まり合っているのである。

### 2.1.2.2　初任教師（R先生）の事例
#### 2.1.2.2.1　事例記述の方法と調査の概要

　ここに取り上げる初任教師（R先生）の事例については、熟練教師（N先生）の発問行為を支える授業実践知の構造的特質との相違点を浮き彫りにするのに必要な部分に限定して記述する。まず、R先生が発問にこだわる必然性について記述した後、R先生の発問行為とその行為を支える授業

実践知の構造を説明する。

　筆者は、平成21（2009）・22（2010）年度と、年度内に各1回ずつ、R先生の授業を観察し、インタビュー調査を実施した。そのうち、本節では、より初任教師らしさの見られる平成21年度調査結果を主として分析対象にしているが、R先生の発問へのこだわりは、平成22年度調査においても前年度と大きな変化はなかった。R先生は、近畿地方の公立高校（大学進学中心の教育課程編成校）に勤務する、教職経験数年（臨時講師経験を含む）の初任国語科教諭である。以下に引用したR先生の語りは、注記のない限り、平成21年度調査によるものであるが、一部、平成22年度調査のものも混在している（平成22年度の語りには注記を施している）。

### 2.1.2.2.2　R先生の発問行為へのこだわり

　R先生の発問へのこだわりは、以下の平成21年度の語りからうかがえる。このインタビュー場面で、筆者は、普段の授業の理想的なスタイルをどのようにイメージしていますか、と問いかけている。

　　〈できる限り、昨日（筆者が観察した授業……筆者注）のように、生徒が（教師側から……筆者補足）質問（発問のこと……筆者注）、大きな質問を与えた後は考えさせてという、それ（学習者の反応……筆者注）を引き出して、それをまあ聞いて、その上で導いていけるようにというのはイメージはしているんですけども、実際は毎回の授業でできているかというと、そんなにできていない部分もあるとは思っています。〉

　〈毎回の授業でできている〉わけではないが、R先生は、発問を契機として学習者が思考し教材文を読み深めていく授業展開にこだわっていることがわかる。また、R先生の発問へのこだわりは、1年後の平成22年度調査における以下の語りでも見られる。この時、筆者は、昨年度（平成21年度）から今年度（平成22年度）までの1年を振り返り、授業づくりにおいて、特にこだわって実践してきたことを語ってください、と問いかけている。

〈もしかしたら昨年も言わしてもらったかもしれないですけど、生徒が考えようと思う発問とか、考えたいなと思う話題を提示できることを、がんばろうと思っています。だから、発問に対するこだわりと言った方がいいんですかねえ、というところを心がけています。なんで、授業するときに、まあ、板書計画とか、いろいろ、考えないといけないところがあると思うんですけども、一番に考えるのは、発問、生徒との対話を軸に授業を創っているつもりです。（平成22年度の語り）〉

　R先生は、これまで一貫して発問、しかも、学習者が〈考えよう〉〈考えたい〉と思うような発問にこだわっていることがわかる。R先生が発問にこだわる理由は、発問を契機とすることによって先生の理想の授業が実現できるからである。先生は、教師の発問を手がかりに学習者一人ひとりが思考し発言するという、教師と学習者との〈対話を軸に〉教材文を教室全体で読み深めていく、そんな授業を理想としている。

#### 2.1.2.2.3　R先生の発問とそれを支える授業実践知

　このように、発問にこだわるR先生の理想の授業は、先述のN先生と共通している。また、発問行為を支える授業実践知の構成要素についても、以下に記述するように、N先生と同じく【目指す読み】【目指す学習者】【発問生成の過程】が、R先生の語りから抽出される。ただし、これら【目指す読み】【目指す学習者】【発問生成の過程】それぞれの相互関係性において、N先生との差異が際立っており、そのことがN先生とR先生の授業（学習者の読む学びの成立と向上）の違いとして顕在化しているのである。

　R先生の実際の授業での発問は、教材文の部分的な注釈に関わる断片的な発問が中心になりがちである。それは、学習者が比較的広い範囲の教材文を見据えながら多様な読みを引き出すような発問ではなく、教材文の限られた部分に注目するだけで正答に至り、正答が一つに絞られやすいタイプの発問である。そこで、R先生の発問を特徴づけるキーワードを［表現

の注釈発問］とする。

　　〈現状、今教えている１２３組の生徒に発問して答えるというやり取りをしている中では、(教材文の……筆者補足)後のつながりを考えて読み取るところまでをしようと、したいという(学習者の……筆者補足)意欲を引き出せていないので、(学習者たちは……筆者補足)もうどうしても、一問一答とまではいかないにしても、(教材文の部分的な注釈に関わる……筆者補足)そういう、すぐ答えがないと、もういい、もう面倒くさいという、すぐに見つかる答え、すぐにわかる答えでないと、おもしろくないというふうになってしまうんで、もっとそれ(教材文全体に関わる読みで、多様な解釈が可能な深い読み……筆者注)をどうにかして(学習者から……筆者補足)引き出していかないといけない、いきたいなと思いながらも、そこができていない。〉

　R先生は、〈後のつながりを考えて読み取る〉という、教材文の部分的な注釈ではなく、教材文全体に関わる深くかつ多様な読みを【目指す読み】とし、その読みを学習者から引き出したいと考え、その契機として〈発問して答えるというやり取り〉を位置づけている。ところが、〈すぐ答えがないと、もういい、もう面倒くさい〉という学習意欲の不十分な、正答を求めたがる学習者に引きずられ、〈一問一答とまではいかないにしても〉［表現の注釈発問］に終始してしまう。これは、学習者の実態ゆえにR先生の【目指す読み】にはつながりにくい発問ばかりが実際の授業でなされたことを意味し、教師の発問行為とその行為を支える授業実践知の１構成要素【目指す読み】とが乖離した状況で授業が展開されたと解釈できる。

　また、以下の語りは、【目指す学習者】がありながらも、【発問生成の過程】が不十分であるために、【目指す学習者】が実現できないという現実を表している。

〈今は(唯一絶対の正答に縛られず……筆者補足)自由に言っていい時間だというのを生徒がわかって、この発問は考えていいんだ、考えないといけないのだと、考えたいと思うような、その前ふりであったりとか、仕掛けをまあどういうふうに、教材研究をしていく中で、ここに注目して、ここを教えていこうというのが毎回できたら理想的だなと思いながらも、まあ他の仕事を言いわけにはしたくはないんですけど、授業の導入部分であったりとか、そういうところで、(教材研究が不十分なまま……筆者補足)つい授業をしてしまった授業があると、どうしても授業はずっと１単元まるまる、この授業として考えないとだめなので、はじめのここまでしか(当日の授業で扱う部分までしか……筆者注)教材研究ができていない段階で(教材文の部分的な注釈に関わる……筆者補足)授業をしてしまうと、後半(当日以降の授業……筆者注)とのつながりとかの部分で、また(学習者の発言の……筆者補足)引き出しができなくなって、最終的にこっち(教師側……筆者注)で(強引に前後のつじつまを合わせて……筆者補足)教えるという形になってしまうのがある。〉

　R先生は、教師の要求する答えに縛られることなく、発問を契機に自分で考え、自分の読みを〈自由に言〉う学習者を【目指す学習者】としている。そして、その【目指す学習者】を引き出すために、教師による〈仕掛け〉としての発問が位置づく。しかしながら、先生は、〈はじめのここまでしか教材研究ができていない段階で授業をしてしまう〉ため、学習者が考えたいと思うような【目指す読み】につながる【発問生成の過程】を経ることなく、[表現の注釈発問]に終始してしまうと言うのである。その結果、学習者は、教師の発問を手がかりに主体的に思考発言し教材文の深い読みに到達するということができず、〈最終的にこっちで教える〉という教師側から提示される読みを受動的に受け止めるだけにとどまってしまう。これは、【発問生成の過程】が【目指す読み】につながるような見通しの中で十分なされていないために、実際の授業でなされた発問が【目指

す学習者】に結びついていかないことを物語っている。

　これら２つの語りが示すように、【目指す学習者】の対極の、学習意欲の不十分な唯一の正答を求めたがる現実の学習者に引きずられること、教材研究が部分的で中途半端であることが否めないこと、の２つが原因となり、【目指す読み】【目指す学習者】につながらない【発問生成の過程】が進行した結果、Ｒ先生の発問は、［表現の注釈発問］に終始するのである。Ｒ先生の場合、【目指す読み】と【目指す学習者】はそれぞれ具体的にイメージできているが、【発問生成の過程】により導き出された実際の発問が【目指す読み】と【目指す学習者】につながらないため、学習者の読みの成立・向上を引き出せていないのである。

## 2.1.3　考察─初任教師と熟練教師の発問行為を支える授業実践知の対照性

　初任教師（Ｒ先生）の場合、熟練教師（Ｎ先生）とは異なり、授業実践知の構成要素である【目指す読み】・【目指す学習者】と【発問生成の過程】とは緊密な連係性が保たれておらず両者間で断絶しているため、学習者の読む学びの質的向上が不十分なままとなるのである。熟練教師（Ｎ先生）のように、発問行為を支える授業実践知の３つの構成要素が相互に連係し、かつ、それら諸要素がサイクルをなすことによって、学習者の学びを段階的に高めているのと対照的である。

　熟練国語科教師と初任国語科教師の事例を対照させることによって、学習者の読む学びの成立・向上に資する発問行為を支える授業実践知の構造が明らかになった。ここでは、研究成果を総括するとともに、先行研究の知見に照らしつつ本研究を位置づける。

### 2.1.3.1　熟練教師と初任教師の授業実践知の共通性と対照性

　ともに発問にこだわる熟練教師と初任教師の語りを分析することによって、発問行為を支える授業実践知の構成要素として、【目指す読み】【目指す学習者】【発問生成の過程】の３要素が、熟練教師と初任教師両者に共

通して抽出できた。ただし、これらの構成要素は共通するが、構成要素相互の連係性に差異が認められるため、熟練教師の授業と初任教師の授業とでは、学習者の読む学びの成立・向上の程度が異なるのである。熟練教師の授業では、これら3要素が相互に連係しサイクルをなして段階的に高まりながら発問と学習者の反応が生成された結果、学習者の読む学びの成立・向上として結実していた。ところが、初任教師の授業では、これら授業実践知の構成3要素が、互いに連係せず断片的な状態にとどまり、現実の授業における発問行為に結びついていないため、学習者の読む学びが不十分なままの授業展開に終始したのである。

つまり、国語科「読む」領域の授業での発問行為を支える授業実践知が【目指す読み】【目指す学習者】【発問生成の過程】の3要素によって構成されている点は熟練教師か初任教師かを問わず共通するが、それら構成要素の相互連係性については教職専門性の熟達度によって差異が生まれるという結論が導き出された。

### 2.1.3.2 教師の知識研究の教科・領域レベルでの具体化

このことは、ショーマンが解明した pedagogical content knowledge（以下 pck と記す）という教師固有の知識研究からも裏づけられる。pck とは、教科内容である科学や文化の内容を授業場面で活用できるよう編成された知識であり、教科内容・学習者理解・授業技術が複合した知識（単に結合しただけの知識ではない）である（ショーマン：1987）（徳岡：1995）（佐藤：1999）。また、ショーマン同様、吉崎（1987）佐藤（1997　p.41.）秋田（2000a）も、教師が授業を実践する際に機能する知識は、教材内容、教授方法、学習者といった多様な領域にわたる包括的総合的知識であることを解明している。学習者の読む学びの成立・向上を保障した国語科授業を実践するにあたり、教師は、いわゆる国語国文学等の学術研究に基づく専門知識を、学習者の実態をふまえることなく教師側から一方的に提示することはあり得ない。国語科「読む」領域に関わる科学や文化の専門知識は、教師が教え学ばせたいと考える教科内容へ調整されるとともに、学習者が学び取り

やすいように、その内容を教え学ばせるための方法や順序が構成される。まさに、pckで言うところの教科内容・学習者理解・授業技術、換言すれば、熟練教師と初任教師の事例分析における【目指す読み】【目指す学習者】【発問生成の過程】が複合しつつ、国語科授業実践として結実するのである。本研究は、これらの先行する、特定の教科に関わらない教師の知識研究に沿いつつも、国語科「読む」領域という各教科領域レベルで、教師の知識を具体化したものである。

### 2.1.3.3　国語科教育に関わる発問研究の相対化

　国語科教育における代表的な発問研究は、実践の文脈を捨象したところでの原理的技術を法則として提示するというものであった（井上：2005）（鶴田：2007）。それは、どんな教師が、どこの教室で授業を実践しても有効な発問を究明しようという課題意識に支えられている。一方、本研究の課題意識は、個別の教師一人ひとりが、今この時間の、この教室の授業だからこそ必然的に求められる発問を教師自ら導き出す手がかりを解明しようというところにある。したがって、本研究で解明した、発問行為を支える授業実践知の構成要素（【目指す読み】【目指す学習者】【発問生成の過程】）に関わる相互連係性のあり方は、先行研究のように優れた発問そのものを提示するというものではなく、優れた発問を導き出すために教師が行う省察のための手がかりを提示した研究として位置づけられる。その点で、本研究は、これまでの国語科教育における発問研究を相対化するものとなっている。それは、方法（どんな発問が効果的か）を問うことによって正解を求める研究ではなく、意味（なぜその発問なのか）を問うことによって必然性を求める研究へと、発問研究の視座の転換を示唆している。

## 2.2　教育実習生が授業観察で機能させる国語科授業実践知の課題

### 2.2.1　問題の所在

　ここでは、教職志望学生（以下、教育実習生と記述する。）による国語科

授業観察の偏向性を明らかにするとともに、効果的な授業観察実習のための理論構築を目指す。なお、本研究は、筆者が、前任の広島大学附属中学校・高校に勤務していた折に、教育実習の一環として筆者の授業を観察した広島大学学生を対象に行った質問紙調査の結果を分析・考察したものである。

　高校教育現場における国語科の授業スタイルは一斉授業の形態を取ることが多い。そのような教育環境の中で、教師は、学習者の学びをいかに高めるかといった課題に直面しながら、その課題解決に向けた授業の構想・実践に取り組んでいる。

　さまざまに異なる可能性を持った学習者に対して一斉授業を行う教師は、どのような授業観を持ったらよいのであろうか。伊藤（1999）は、一斉授業をしているように見えて個々の学習者相互の関係が切断された状態で授業が展開する不完全な個別授業に対して、警鐘を鳴らしている。また、佐藤（2001）は、世界各国の教育改革の動向をふまえつつ、多様な可能性を持った学習者同士が内側からの自己変革を伴った学び合いをすることに今後の授業のあるべき姿を見出している。さらに、このような集団構成員相互の関係性という具体的な状況の中で学びを構成していくという考え方は、学習集団という社会的文脈の中で学びを実現させるという近年の状況主義に基づく学習観（市川：1995）や、「状況に埋め込まれた学習」（レイヴ，ウェンガー：1993）を見通したものとなっている。つまり、学習者一人ひとりが学習集団内で相互に影響し合いながら協同し、自らの学びの高まりに自覚的になれる授業が求められているのである。

　以上の授業観に基づいて構想された授業を教育実習生が効果的に観察しようとする場合、授業観察に関する複数の視座相互間の構造化を図る必要があると考える。授業観察の視座には、学習目標・授業観といったマクロなレベルの視座から、学習者の反応・教師の働きかけ・教材の読み方・発問・学習活動の形態といったミクロなレベルの視座まで、レベルと内容の異なるさまざまなものが含まれる。これらの視座のうち、例えば、「教材の読み方」という視座のみから授業観察を行ったとしたら、どのような事

態が想定されるだろうか。教師として教材をどう読めばよいかという方向での授業検証はできるであろう。しかしながら、その教材を用いた授業によって引き起こされる、学習協同集団の変容の様子や、一人ひとりの学習者の内に成立した学びの種々相を見極めながらの授業検証には至らないと推察される。つまり、授業観察に関わる複数の視座の総体の中に一つ一つの視座を位置づけ、授業の全体像の中で個々の現象を見つめるという授業観察実習が求められる。

　授業観察実習は、教育実習生が授業実践のイメージを形成する重要な機会である。したがって、授業観察実習の質を高めるための理論構築は必要不可欠な研究課題である。国語科の授業観察の方法については、教育実習生が携帯する、教育実習の手引きにも示されている（広島大学教育学部　広島大学附属中・高等学校　広島大学附属東雲中学校　広島大学附属三原中学校　広島大学附属福山中・高等学校：2003）。ところが、この手引きを見る限り、多様な視座から授業観察を行う必要性は認識できるが、それぞれの視座相互の関係性については十分具体化されていないという課題が残る。

## 2.2.2　調査の概要

　広島大学附属中学校・高校では、広島大学教育学部の学生を対象に、教育実習事前指導として授業観察実習を行っている。本研究は、筆者の高校国語科授業を観察した教育実習生が記述した、授業に対する批評文を分析・考察したものである。

　筆者は、高校2年生を対象とした、評論文の読みに関する授業を教育実習生に提供した。この授業は、先述したように、学習者一人ひとりが学習集団内での学び合いによって自らの学びの高まりに自覚的になれる授業を目指して構想したものである。

　調査当日、筆者が行った授業の概要は、以下の通りである。

《単　　元》文章表現の特徴を生かした読解
《対　　象》広島大学附属高校2年（40名〈男子24名・女子16名〉）
《調査時期》平成15（2003）年11月

《教　　材》立花隆「名画を見分けるハトの脳」・養老孟司「現実とは何か」(ともに東京書籍『精選国語Ⅱ』所収)

《授業のねらい》
　学習指導要領の改訂など、教育政策の動きに連動して、学習者の活動を中心にした授業がよく見られるようになった。しかし、学習者は活動的であるが、活動の結果として十分な学びが実現できているとは言えない授業も散見される。
　そこで、本単元では、ある評論文の読解で得られた学習方法を別の評論文の読解に生かす授業を構想した。立花隆「名画を見分けるハトの脳」を段落ごとに読解した後、文章表現の組み立てられ方の特徴を抽出する学習を行う。そして、その学習方法を、養老孟司「現実とは何か」の読解に生かすというものである。
　立花隆「名画を見分けるハトの脳」の読解を通して、文章表現の組み立てられ方の特徴をとらえるという方法により内容理解が進むことに学習者たちは気づくであろう。そして、その方法を、養老孟司「現実とは何か」の読解に生かすことにより、評論文を自ら読み進める力を高めていくことができるのではないか。

《単元全体の学習目標》
　①文章読解を通して、文章表現の組み立てられ方の特徴をとらえる。
　②文章表現の組み立てられ方に注目した評論文読解を自ら進めることができるようになる。

《本時の学習目標》
　①表現の組み立てられ方を読み取り、動物の世界像とヒトのそれとの違いをとらえる。
　②表現の組み立てられ方を読み取り、ヒトの世界像の特質を具体化する。
　③表現の組み立てに関する工夫が、読者に与える影響について考える。
　授業観察後に教育実習生に記述してもらった質問紙調査の概要は、以下の通りである。

《調査対象》平成15（2003）年度教育実習指導受講者合計25名（広島大学
　　　　　　教育学部　第三類国語文化系コース9名　第三類日本語教育系
　　　　　　コース12名　第五類教育学系コース4名）
《調査時期》平成15（2003）年11月（授業日当日）
《質問内容》
　高校等で受けてきた授業や大学での講義・演習を通して身につけた自分の授業観と対比させながら、本日観察した高校2年生の現代文の授業を批評してください。（自分が持っている授業観との違いがわかるように説明する。）

### 2.2.3　分析結果

　分析の方法は次の手順で行った。学生の記述からうかがえる授業観察の視座をレベル（授業の部分構成要素に関する視座・授業の全体観に関する視座）と内容（発問・授業展開など）ごとに分類し、その視座から授業観察を行った場合における授業検証の方向性を明らかにする。そして、学生による授業検証の方向性に関する傾向を導き出し、授業観察の視座の構造化に向けた課題を提示する。
　学生の回答から推察される国語科の授業観察の視座を分類して取り上げると、以下のようになる。
○【レベル】授業の部分構成要素に関する視座
　　・［内容］学習者の学びに関する視座……
　　　　（読解学習から表現学習への発展）（自ら読む力の育成）（発見を伴う学び）
　　・［内容］学習活動に関する視座
　　・［内容］授業展開に関する視座
　　・［内容］発問に関する視座
　　・［内容］教師が持つ知識の介入に関する視座
　　・［内容］教師による教材の扱い方に関する視座
　　・［内容］学習者を教材へ関わらせる方法に関する視座
○【レベル】授業の全体観に関する視座

・[内容] 学習目標に関する視座
・[内容] 授業形態に関する視座……
　（学習者と教師との関わり）（学習者主体）

　授業は学習者と教材と教師との関係の中での相互作用により成立する。しかも、昨今求められている授業は、協同での学びを通して、学習者一人ひとりの学びの質を高めていくといった、極めて複雑な関係性を内包した授業である。このような特質を持った授業を効果的に観察しようとした場合、当然のことながら、授業観察者には複数の視座の構造化・体系化が求められよう。発問の仕方や学習活動の方法といった「授業の部分構成要素に関する視座」と、授業形態や学習目標といった「授業の全体観に関する視座」と、２つのレベルに分類される視座を相互に関連づけた授業観察が必要なのである。

　教育実習生の回答をこの２つのレベルにおいて分析した結果は、表１の通りである。

表１

| 授業の部分構成要素に関する視座のみ | 18名 | 72% |
| 授業の全体観に関する視座のみ | 5名 | 20% |
| 両者を融合させた視座 | 2名 | 8% |
| 合　　　　計 | 25名 | 100% |

　表１から、ほとんどの教育実習生（全体の92％）がレベルの異なる視座を有機的に結びつけた授業観察を行っていないと推察でき、授業観察の偏向性が見られる。また、レベルの異なる視座を有機的に結びつけた授業観察を行ったと考えられる２名の学生（全体の８％）についても、批評が概括的な状態にとどまり具体性に欠けるといった問題が残らないわけではない。

　以下、典型的な記述をいくつか取り上げ、教育実習生の授業観察に関する問題点を分析する。

第2章　初任教師から熟練教師に至る国語科授業実践知の諸相

○　限られた視座（授業の部分構成要素に関する視座）からのみの授業観察

　　学生反応例1
　　〈評論文というと、これまで私が実際にうけてきたものは、細かく区切ってからやる→全体の要旨という流れのものが多く、細部に目がいきすぎて、全体がどういう話であったかをとらえるのは最後であった。（もしくはとらえられなかった）しかし、大学の講義や本時の授業のように全体の枠組みをとらえ、細部に戻るという方法は私には新鮮であると同時に、「文章を読む」という活動としてはこちらのほうが普通ではないだろうか。教科書でとりあげられているが文章であることにかわりはなく、文章である以上、最も大切なのは「話の流れを理解して読む」ことではないだろうか。〉

　学習者が教材文をいかに読むかという課題に対する回答としては、この学生の意見は妥当性を持つ。しかしながら、授業という複雑な現象を検証するにはやや不十分であると言わざるを得ない。この学生は、「学習者を教材へ関わらせる方法」という授業の部分構成要素に関する視座に偏った授業観察をしてしまっている。その結果として、発問や授業展開といった授業の部分構成要素に関するその他の視座や、授業の全体観に関する視座をふまえ、総合的に授業観察を行っているとは考えにくい。
○　複数の視座（ともに授業の部分構成要素に関する視座）によるが、相互関係性の希薄な授業観察

　　学生反応例2
　　〈・　評論文・説明文の授業は作者（筆者）の考えを中心として捉えて進行させていく形式が多かったので、今回のように生徒側の読みを前提とした方法はとても新鮮だった。
　　　・　文章の内容を読解していく授業ばかりで、今回のように文章の表現に視点を置いた経験がなかったので、評論文・説明文を通し

39

た表現力の育成の可能性が広がった。
・　事前に生徒に特徴を挙げてもらっていたので必要はないのかもしれないが、授業自体を活発なものにするためにも、その都度話し合いなどを入れても良いのではないかと思った。〉

　授業の部分構成要素に関する複数の視座による授業観察を行ったと推察される。しかしながら、「授業展開」に関する視座、「学習者を教材へ関わらせる方法」に関する視座、「学習活動」に関する視座、それぞれの視座の相互関係性が希薄であるとともに、授業の全体観に関する視座が不十分なままの授業観察を行ったと考えられる。この学生は、教育実習の手引き（広島大学教育学部　広島大学附属中・高等学校　広島大学附属東雲中学校　広島大学附属三原中学校　広島大学附属福山中・高等学校：2003）における授業観察の方法を理解した上で授業観察を行っていると考えられるが、授業観察の視座を相互に関連させた上での観察にまで至っていない状況にあると推察される。例えば、三点目で指摘されている「話し合い」学習に関して取り上げてみると、話し合い学習をどの場面で導入すると、どんな学び合いが実現され、結果としてどのような学びが成り立つのかといった、視座相互の連関が必要であると考える。
○　レベルの異なる複数の視座（授業の部分構成要素に関する視座と授業の全体観に関する視座）による授業観察

　学生反応例3
　〈高校等の授業は、ただただ教師の読みを生徒が理解するというようなものばかりであり、大学に入ってからは、生徒自身が活動するものばかりに目を向けてきた。だから、私の授業観は、教師主導の一斉授業は悪いもの、生徒が自分で調べたり話し合ったりするのが良いもの、というように固まりつつあったように思う。しかし、今回の授業を観察させていただき、生徒に考えさせ、生徒の意見を用いながら教師がまとめたりなどもしつつ、本当の読解をするということの大切さ

を感じた。今までの単なる要約や確認発問によるつまらない授業ではない、しかし、本当の読解力がつくかどうかも分からない、生徒だけの話し合いといったお遊びではない、新たな授業が見られたと思う。〉

学生反応例4
　〈大変わかりやすく設計され、先生の準備もかなり整っている事をうかがう事ができる授業でした。板書、発問、進行等、ある種の完成された形という印象を受けました。しかしなぜか、おもしろみ、という点に欠けていたと思います。何か全てが予定通りに進んでいる様な雰囲気があり、授業の中にいる自分を見つけにくいのかもしれません。授業の最初の方に前列の女子生徒（おそらく最初の発問）が受け答えをしている辺りは、生徒の側も授業をつくっている、参加している、という意識が感じられました。（中略）生徒はやはり授業の中で新しい発見や知識があると、授業にどんどん入ってくると思います。〉

　これらの教育実習生は2人とも、授業の全体観に関する視座をふまえつつ、授業の部分構成要素に関する視座から授業観察を行ったと考えられる。しかしながら、2つの批評ともに、批評内容が概括的なものにとどまり学習者のことばの学びの具体に即した批評にまで到達していないという課題が残る。
　「学生反応例3」の場合は、教師中心あるいは学習者中心、いずれかに偏ることなく〈生徒に考えさせ、生徒の意見を用いながら教師がまとめ〉るという教師の働きかけに応じて学習者の学びがせり上がる授業という全体観と、そこでの教師や学習者の具体的な行為について論じようと努めている。しかし、授業におけることばの学びの具体的事実に即したレベルでの詳細な批評には至っておらず、批評の概括性は否めない。
　また、「学生反応例4」の場合は、もちろん、筆者が提供した授業に問題の原因があることは明らかであるが、こちらも批評内容が概括的なものにとどまってしまっているという問題点が残る。授業の部分構成要素であ

る〈板書、発問、進行等、ある種の完成された形という印象〉でありながら、授業の全体観としてなぜ、〈おもしろみ、という点に欠けていた〉のか、なぜ、学習者は〈授業の中にいる自分を見つけにくいのかもしれ〉ないのか。問題解決に向けて〈授業の中で新しい発見や知識がある〉ために、どうすればよいのか。具体レベルでの批評にまで至っていない。

### 2.2.4　考察

　学校現場では、教室での学び合いにより学習者一人ひとりが自らの学びの高まりに自覚的になれる一斉授業が求められている。このような授業観に基づいて実践された授業に対して効果的な観察実習を行おうとする場合、学習目標・授業形態といった授業の全体観、さらには、発問・教材へ関わらせる方法といった授業の部分構成要素といった授業観察に関する複数の視座を構造的に体系化する必要があると考える。ところが、本研究で調査対象とした教育実習生の場合、多様な視座から授業観察を行おうとする傾向は見られるものの、複数の視座を相互に関係づけつつ、学習者の学びの事実に即した授業観察はできていないという課題が残った。

　教育実習生を対象とした質問紙調査の結果、授業観察に関わる複数の視座を平面的かつ相互非関連のままとらえてしまう教育実習生が多いことがわかった。また、少数ながら、レベルの異なる複数の視座を有機的に結びつけた授業観察を行った学生についても、その批評が概括的な状態にとどまり具体性に欠けるといった問題が残っている。そこで、教育実習生が携帯する教育実習の手引き（広島大学教育学部　広島大学附属中・高等学校　広島大学附属東雲中学校　広島大学附属三原中学校　広島大学附属福山中・高等学校：2003）のあり方と、筆者が提供した授業との両者から、その原因と問題解決に向けた方向性を示すこととする。

　教育実習生は、一人の学び手として仲間や教材と向き合うという学習者の立場から、学習者集団と教材という複雑な関係の中でリーダーシップを発揮する教師という新たな立場への変更を迫られる。授業という複雑な現象を教師という立場から観察する教育実習生に、教育実習の手引きに示さ

## 第2章　初任教師から熟練教師に至る国語科授業実践知の諸相

れているような具体性に富んだ多くの視座を提供することは意義に富む。しかし、教育実習生がこれら複数の視座を非体系的・恣意的に選択していたのでは、授業観察実習の効果が十分期待できるとは言い難い。残念ながら、教育実習の手引きでは授業観察視座の体系化に関する記述が十分ではない。そのため、教育実習生の反応からうかがえるように、授業観察の視座が断片的であったり、概括的であったりするのである。授業観察の視座の体系化に向けて、教育実習生は、レベルの異なる授業観察のための視座、具体的には、授業の全体観に関わる視座と授業を構成する部分構成要素に関わる視座とを往還しながら観察に臨むことが求められる。さらに加えて、これら2つのレベルの視座の下位概念である、授業展開や発問といった授業をとらえるための内容に関する視座を複数関連づけた観察も重要である。つまり、授業を全体からのみ観察する、あるいは、部分からのみ観察するのではなく、また、授業展開や発問など一部の内容だけを観察するのでもない、授業観察レベルと観察内容とを複合した視座から授業観察に臨むことが必要なのである。このように、授業観察の視座の体系化に関わる記述が充実されれば、教育実習生の授業観察実習はより実りあるものになると考える。

　また、筆者が提供した授業の問題点は、上述「学生反応例4」の教育実習生により、〈おもしろみ、という点に欠けていたと思います。何か全てが予定通りに進んでいる様な雰囲気があり、授業の中にいる自分を見つけにくいのかもしれません。〉と、的確に批評されている。大槻（2004）の指摘に基づき言い換えるならば、教師のねらいが硬直化し過ぎ、学習者の主体性を等閑に付した授業であったということになろう。このような授業を改善するための批評は、よほど優れた授業実践者でない限り、得てして「学習者同士の話し合い活動を盛り込んだほうがよい」といった、学習活動方法に関する概括的な指摘に陥りやすい。しかしながら、話し合い活動といった学習者の主体的活動中心の授業を構想・実践すれば問題が解決されるわけではない。学習者は主体的に活動しているけれども、学び合いによる学びの高まりが実現できていない授業が数多く存在するからである。

学習者一人ひとりが、自分の立ち位置を授業の中に見出し、学びの高まりに自覚的になれる授業を実践していくためには、授業を構成する一つひとつの現象に必然性を持たせる必要がある。授業のどの場面で、どのようなねらいとプロセスを持った、どんな学習活動を盛り込むかについて、教師は計画的にならなければならないと言い換えることができよう。ただし、授業が教師の計画通りにしか進まないといった硬直化をまねかないよう、教師のねらいは学習の結果を示すものとしてではなく学習の方向を導くものとして位置づけ、学習の成果についてはある程度の幅を持たせたものである方がよいと考える。授業を終えた時に、教師の予想を超える学びの実態に気づくというような授業があってもよいはずである。

　教育実習生が授業観察の視座を体系的にとらえて実習に臨むとともに、教育実習指導教員は、授業展開を硬直化させ過ぎず、学習者一人ひとりが学び合いにより主体的に学びを高めていける授業を教育実習生に提供していくことが望まれる。授業観察の視座の体系化に向けて、教育実習生は、授業を観察する位置（全体か部分か）と、観察対象（発問か授業展開かなど）を複合化した視座を持つことが求められる。また、学習者が主体的に学べる授業を展開していくために、教育実習指導教員は、授業のねらいは学習の結果を示すものとしてではなく学習の方向を導くものとして位置づけ、学習活動の成果についてはある程度の幅を持たせた授業を構想・実践する必要がある。

## 2.3　教育実習生が授業研究で機能させる国語科授業実践知の課題

### 2.3.1　問題の所在

　ここでは、教育実習における教壇場面実習（国語科授業実践に関わる実習）に注目し、教育実習生の国語科授業実践知の課題と課題解決の見通しを明らかにする。教育実習生は、実習期間中、繰り返し授業を実践するとともに、その授業を仲間の実習生に公開する。さらに、放課後には、指導教員をまじえて、仲間同士で当日の授業を省察するという授業研究を繰り

第2章　初任教師から熟練教師に至る国語科授業実践知の諸相

返し経験する。本節では、筆者が、前任の広島大学附属中学校・高校に勤務していた折に行った教育実習指導の事例を取り上げる。

教育実習生は、教育実習期間中を通して繰り返し国語科授業研究に励むことによって、国語科教師としての専門性を身に付ける。なお、授業研究とは、実習期間の終わりに、実習の成果を披露するためにイベント的に実施する研究授業とは異なる。教育実習全期間を通じて授業の省察を繰り返し、授業改善のための指針を得るという日常的な営みである（戸塚：1999）。

国語科教師は、漢字・文法・文学など国語に関わる専門的知識を多く持ち、文章表現力・読解力といった言語運用能力が高いだけで務まるわけではない。国語科教師にとって、そうした教科内容に関わる知識・技能を持つことと同等、あるいは、それ以上に重要な課題は、学習者たちのことばの学びを引き出す授業を展開できることである。つまり、国語科教師の専門性は、教科内容に関わる専門的知識・技能によってだけではなく、学習者たちのことばの学びを引き出す力量によって判断される。したがって、熟練教師は、自らの実践を語る際に、学習者に何を教えたかではなく、学習者のことばの力の実態がどの水準にあり、どのような学習活動を通して、どの水準まで高め得たかという、学習者のことばの学びの軌跡を説明するであろう。このような、国語に関わる知識・技能の専門家としてではなく、ことばの学びの場面づくり（国語科授業づくり）の専門家としてのあり様は、国語科教師のアイデンティティーを支えるものである。

そこで、教育実習に臨む国語科教育実習生は、学習者のことばの学びの場面づくりについて研鑽を積む必要があり、その研鑽に資するのが国語科授業研究である。授業研究には、事前の授業計画の作成から事後の省察に至るまで多様な活動が含まれるが、本節では特に、実践された授業を協同で省察することによって、教師の「実践的見識」の育成を目指す授業批評会のあり方について考察する（佐藤：1996a）。その理由は、教材研究を中心とする授業計画の作成であれば、教育実習期間外でも研鑽が可能だからである。しかしながら、学習者の学びに即した授業づくりの拠りどころとなる「実践的見識」について研鑽を積むことができるのは教育実習期間だ

45

けであり、その契機となるのが、授業批評会である。

　なお、国語科授業研究に取り組むにあたって留意すべきことは、国語科という教科の目標や内容を見通しつつ、他の教科とは異なる国語科授業研究の固有性を追究するということである。そこで、本節では、まず始めに、国語科授業ではどのようなことばの学びを目指していけばよいのかという教科固有の内容について触れる。その後、国語科授業研究における授業批評会での教育実習生の学びの事例を分析しながら、授業批評会の組織化のあり方について考察する。

## 2.3.2　国語科授業におけることばの学びの内容
### 2.3.2.1　教育実習生にとっての教育政策や国語施策

　教育実習生が国語科授業研究を進めるにあたって、国語科の教科内容に関わる指針が必要となる。その指針となるのが、学習指導要領と国語施策に関わる答申である。

　これらが国語科の教科内容の指針たり得る理由は、国語科授業の現状をふまえ未来を展望したものとなっているからである。そこで示された内容は、全国各地の国語教室の実態と課題の解明を目的とする各種調査結果をふまえ、多くの専門家による協議を経たものである。したがって、教職経験が不十分な教育実習生が拠りどころとすることによって、学習者が学ぶべき教科内容が一定程度保障された国語科授業の実践につながる。

　教育実習生は、1年のうちの非常に限られた短期間でありながら、国語科教師として学習者たちのことばの学びに責任を持って関与しなければならない。しかしながら、限られた期間しか与えられていない教育実習生が学校現場の実状を把握した上で授業を実践することには限界がある。そうした制約の多い教育実習生が学校現場の求める授業を実践していくためには、全国的な基準としての学習指導要領や国語施策に通じておくことが有効である。

　さらに、現在の中学校・高校では、教育実習生が学習者であった頃に受けてきた国語科授業、つまり、教師が教科書教材文の解釈を説明し、学習

者はその解釈を唯一の正解として記憶するという、知識伝授タイプの国語科授業は少なくなりつつある。それに代わり、発問を中心とする教師の働きかけを契機として、学習者が主体的に教材文へ関わり、ことばを駆使しながら、話す・聞く・書く・読むといった活動を高めるという、学習者の言語活動を中心に組織された知識構成タイプの国語科授業が増えてきている。このような、国語科授業スタイルの変化についても、教育政策や国語施策を理解しておかなければ対応できなくなる。

### 2.3.2.2 求められる国語科授業

では、教育政策や国語施策に基づいた国語科授業を実践しようとすると、どのような授業が求められるのだろうか。ここでは、「高等学校学習指導要領」（平成21年3月）「第2章　第1節　国語」、および、文化審議会答申「これからの時代に求められる国語力について」（平成16年2月）を取り上げながら、国語科授業の概括的なイメージを浮き彫りにしてみたい。

「高等学校学習指導要領」（平成21年3月）と「これからの時代に求められる国語力について」（平成16年2月）答申に共通する考え方として、国語の学びは種々の知識を獲得することに終始するものではないということである。あくまで、学習者一人ひとりによる「話す・聞く・書く・読む」言語活動が学びの中心に据えられ、学習者がそれまで持っていた思考やイメージの世界を拡充させたり深化させたり精緻化させたりすることが目指される。したがって、国語に関わる諸知識は、機械的な暗記を強いられるものではなく、学習者一人ひとりの言語活動をより高度なものへ導くための必然的手段として体系的・機能的に獲得されるべきものとなる。

「これからの時代に求められる国語力について」（平成16年2月）答申では、「国語力」を2つの領域に分割して構造的に定義している。①「考える力、感じる力、想像する力、表す力から成る、言語を中心とした情報を処理・操作する領域」と、②「考える力や、表す力などを支え、その基盤となる『国語の知識』や『教養・価値観・感性等』の領域」である。そして、これら2つの領域が「相互に影響し合いながら，各人の国語力を構成

しており」としながらも、「①は国語力の中核」であると、ことばを駆使しながら理解・表現するという言語活動に重きをおいている。

また、「高等学校学習指導要領」（平成21年3月）の場合、国語科の目標が「国語を適切に表現し的確に理解する能力を育成し、伝え合う力を高める（以下省略）」であることから、「表現」「理解」「伝え合う」といった言語活動を目指した国語科授業実践が志向される。さらに、今回の学習指導要領改訂の要点として、「話す・聞く・書く・読む」各領域における指導内容において学習の過程が配慮された点、それまで「3内容の取扱い」に示されていた言語活動例が「2内容(2)」に繰り上げられた点などからも、知識の獲得ではなく、言語活動が重視されていることがわかる。

このような背景から、国語科授業では、今後、教師から学習者への一方向的な説明中心の授業展開は、少なくなるであろう。教師の発問を中心とする働きかけを契機に、学習者が「話す・聞く・書く・読む」言語活動を展開し、さらに、その成果を教室で共有できるような教師の調整的な働きかけを通じて、学習者一人ひとりが「話す・聞く・書く・読む」ことばの質を向上させていくような授業展開が求められる。

### 2.3.3　国語科教育実習生の学びの場としての授業研究
#### 2.3.3.1　授業を振り返り意味づける場としての授業研究

教育実習生による授業研究は、教育実習期間の終わりに、実習生の代表が、実習の成果を披露する（指導教員に査定してもらう）ことを目的とするものではない。むしろ、授業経験が乏しい教育実習生の場合、教育実習全期間を通じて日常的に、他の実習生や指導教員の批評を受容しながら、自身の授業を振り返り意味づけ、いわば、校内研修としての授業研究のあり方を体験することによって、教師としての授業力量形成が目指されるべきである（吉崎：1991）。

教育実習生が授業研究を通して「実践的見識」を形成するという背景には、「技術的熟達者」とは対立する「反省的実践家」という専門家教師像が想定されている（佐藤：1996b）。そして、「反省的実践家」としての教師

の専門性の一つとして「行為についての省察（reflection on action）」という特性がある。教師による「行為についての省察」とは、「行為しながら行った思考や理解の意味をふり返り行為後に考えることであり、自分のその時の経験を、これまでの経験から作った枠組に照らして意味づけること」（秋田：2000b）である。「反省的実践家」としての教師は、自分の授業を振り返り意味づける「行為についての省察」によって「実践的見識」を獲得していくのである。

なお、授業研究における「行為についての省察」は、教育実習の成果を総括する実習期間の終わりの段階でのみなされる行為ではなく、授業を日々振り返ることによって日常的になされるべき行為である。「教師教育としての授業研究という視角からは、個別的な事例研究を教師自らの回りにある個別の授業を対象化して、自己の経験的基盤をそれぞれの個が広げて行くしか方法はない。（中略）授業研究をことさら鳴物入りで行わなくても、（中略）教師間の日常的な開かれた関係と普段の対話の中で内容的にも質的にも高めていくことができる」（髙木：1997）からである。

つまり、教育実習生の学びとしての国語科授業研究は、教育実習生が日常的に自分の授業を振り返り意味づけることによって行われ、そこでは、個々の教室における学習者のことばの学びの成果の確認と課題の発見、課題解決の模索が継続されることとなる。そうした授業研究の積み重ねによって、教師の専門性である「実践的見識」が獲得されていくのである。国語科授業研究における、授業の振り返りに関する先行研究としては、澤本・お茶の水国語研究会（1996）が参考になる。

なお、授業を振り返り意味づける行為は個人でも実現が可能ではあるが、本節では、授業研究の一環として行われる授業批評会に注目する。なぜなら、「実践的見識」が比較的未熟な教育実習生の場合、単独の学びでは視野が狭くなり効果があがらないおそれがあるからである。

### 2.3.3.2　国語科教育実習生による授業研究の事例の考察

ここでは、筆者が、前任の広島大学附属高校で、平成16（2004）年度後

期（10月）に行った教育実習指導における教育実習生の記録を基に、授業批評会における批評のあり方について考察する。筆者は、当時、4名の国語科教育実習生を担当しており、グループ内の実習生が授業を行う際には、グループ内の他の実習生全員（3名）がその授業を観察することとした。そして、授業担当者を除く3名の実習生は、観察したすべての授業について、授業記録と併せて、学習者の学びが促された場面と停滞した場面を取り上げ、それらの原因を考察したレポートを作成した上で、授業批評会に臨んだ。

　ここでは、4名の教育実習生のうち、中島敦『山月記』を読む授業（高校2年）を実践した実習生（SAさん）の授業を事例に考察を進めていくこととする。

○　教育実習生の国語科授業（「読むこと」の領域）の傾向

　筆者が関わった教育実習生の国語科授業では、教材文のあらすじなど表層的な意味を確認していく型の授業が多く、表現されていることを基に、表現されていない深層的な意味を追究していく型の授業は少ない傾向にあった。

　当時のSAさんの授業も、単元全体の大半が教材文そのものの内容読解に費やされていた。もっとも、単元冒頭と終末において、学習者が教材文を対象化しつつ自身の生について「考える」課題を設定してはいる（これは授業批評会の成果とも考えられる）が、大半は教材文の表層的な読解に関わる正解到達型の授業展開であった。SAさんは、教育実習終了後に提出した「教育実習の感想と反省」レポートの中で、次のように述べている。

　　〈（前略）まずは発問である。発問に対する生徒の答えが予想したものとは大きく異なったり、なかなか辿り着かなかったりで、自分が意図したようにスムーズには授業が進まないことも多かった。その結果、なんとか軌道修正させようとするあまり、自分でも強引に思えるつなげ方をしたことは大いに反省させられる。（中略）確認発問ばかりを生徒に向けていた。（中略）教科書に載っていることばかり発問

していては、生徒が自ら論理的に頭の中で考えをめぐらせることができず、退屈な授業になってしまう。生徒は考えることが決して嫌いなわけではない。本文を見ればわかることよりも、「なぜ」の答えを自分の頭の中で探すことの方がずっと労力がいるし、考え甲斐もあることだろう。(中略)いかに授業がスムーズにいくか、ということではなく、いかに"考えさせる授業"にするかということが大事なのだと気付かされた。(後略)〉

 教育実習終了後のレポートを見る限り、ＳＡさんは、教材文の表層的な読解に終始する自分の授業を課題視するとともに、学習者自らが問いを追究する「考えさせる」授業に課題解決の手がかりを見出している。
 このように、ＳＡさんは、あるべき授業スタイルについての的確なイメージを持ち、常に真摯な姿勢で実習に取り組むことができたが、そうした理想的な授業づくりの具体的な手立ては見出し得ないまま、教育実習期間を終えてしまったようである。つまり、教育実習生の場合、たとえ真摯な姿勢で実習に臨んだとしても、熟練教師のように授業実践経験が豊富でないため、個人単位での授業づくりでは視野が限られ、課題解決には限界がある。そこで、授業批評会など、他者の介入にこそ課題解決の手がかりが見出せるのである。

○　教育実習生の批評言の傾向
 授業を観察した教育実習生は実習録に記載した緻密な授業観察記録を基に、真摯な態度で授業批評会に臨むが、その発言に課題がないわけではない。授業批評会参加者が多くいる場合には、実習生同士の批評の応酬がなされる。どの実習生も積極的に意見を述べるのであるが、象徴的な批評言として、たとえば、「板書がわかりやすかった」「声が後ろまでしっかり届いていた」「とても落ち着いて授業展開ができていた」といった発言がなされることがある。これらの批評言は授業者を気遣っての発言なのであるが、批評に深みが足らず、発言が断片的で、その発言に続く対話が途切れてしまいがちになる。その結果、批評会自体の形骸化を招く。このよう

な、学習者のことばの学び、教師の働きかけ、教材内容、それぞれの具体、およびそれら相互の関係性に言及しない、抽象的概括的な肯定批評が断片的に繰り返されるだけの批評会では、授業者の学びの場としての批評会にはなり得ない。

○　授業者の学びに資する批評のあり方

　ＳＡさんの事例からもわかる通り、教育実習生の場合、個人単位での授業づくりでは視野が限られ、十分な成果をあげられないおそれがある。とするならば、授業批評会での他者の批評を有効に生かしながらの授業づくりが効果的である。授業批評会を中心に協同で授業研究に取り組むことによって、「他者の視点を取り入れ、自己の授業観などを問い直す。授業を見る枠組みを再構築し、自身の授業の課題や授業の難しさを捉え直し、解決を模索する中で新たな技術を獲得していく」(坂本・秋田：2008)ことができる。つまり、授業者が、授業観察者による異なる視点からの批評を生かしながら、新たに授業を再構築する中で「実践的見識」が養成されるのである。

　なお、授業批評会での他者の批評のあり方は、授業者が抱える課題に応じて違ったものとなり、法則化は容易ではない。たとえば、教材解釈に課題があるとすれば、授業者とは異なる思考の枠組みでの教材解釈を示すことが有効であろう。また、授業者が、自分の授業運びにとって都合のよい学習者の発言ばかりを取り上げて授業を進めるようであれば、異なるタイプの学習者の発言を生かした授業展開例を示すことが有効となろう。法則化は難しいが、授業批評会での批評のあり方をあえて抽象化するとすれば、１：授業者が抱える課題領域（教材解釈・授業展開・学習者対応など）を見極めること、そして、２：その課題領域における授業者とは異なる視点からのアイデアを提示すること、となろう。

　では、ＳＡさんの『山月記』の授業を改善するためには、どのような批評が想定されるのだろうか。ＳＡさんの授業の課題は、教材文の表層的な意味の確認に終始することなく教材文について学習者が考えを深める授業を実践することであった。つまり、ＳＡさんの授業の場合は、教材解釈の

あり方、さらには、教材解釈を基に計画される発問のあり方に課題があったと考えられる。

『山月記』には、「臆病な自尊心」「尊大な羞恥心」をはじめとする解読の必要な表現が数多く散在している。そのため、ＳＡさんは、学習者の教材文理解を促すために、場面ごとに、表現の解読を中心とする教材研究を行い、授業に臨んだ。しかしながら、そうした場面ごとの解読に偏った教材研究のために、教材文全体を見渡して人間の生について考えを深めるというよりも、個々の表現の意味を解読するという、一問一答式（あるいは教師の説明中心）の正解追求型の授業になってしまった。授業で展開される個々の表現の解読が教材を読み深めることにどうつながるかをつかみきれないまま、学ぶ意欲が低下する学習者も見られた。

このような場合には、授業を観察した批評者が、たとえば、学習者の学びの減退の原因は授業者の教材文への向き合い方にあることをつかみ、表現の解読中心の授業展開ではなく、表現の書かれ方（語られ方）の解釈を中心とする授業展開に改めることを促すような批評を批評会の場で提示することができるならば、授業者のその後の授業改善が期待できよう。

『山月記』の語り手は、三人称の立場での語りのみならず、李徴や袁傪の内面に寄り添った語りを展開するなど、場面ごとにさまざまに立場を入れ替わっている。したがって、読者は、語り手によって語り出された内容を場面ごとに知るという、語り手の語りの枠内の読みにとどまることなく、語り手の語りを対象化しつつ登場人物・李徴という人間存在が意味するものを見出す読み、いわば、語り手の語りを超える読みを実践することも可能である。それは、たとえば、「語り手は、なぜ、李徴の内面を吐露する場面と袁傪の内面をあらわにする場面とを入れ替わりながら語りを進めたのか。そのような複数の人物の内面に寄り添った語りを展開することで、主人公・李徴のどんな人間像が明らかになるのだろうか。」といった類の問いを課題として教室で共有し、課題追究型の授業を実践することも考えられる。

そこで、当時、仮に、批評者がＳＡさんに対して「各場面の内容を細か

く確認しながら進む授業展開を改め、もっと教材文全体を大局的にとらえてみたらどうだろうか。そして、なぜ語り手が、あるときは李徴の内面に寄り添い、また別のあるときは袁傪の内面に寄り添うといった語りを進めているのかという課題を教室全体で追究するスタイルで授業展開を組み直してみたらどうだろうか。」といった代案を提示する類の批評を行い、授業批評会の場が、ＳＡさんの新たな授業プランを協同で考案する場となり得ていたら、教育実習終了後のＳＡさんの思いは随分違ったものとなっていただろう。

　つまり、本事例のように、授業者の教材解釈が各場面における事件の内容を確認するだけの表層的なレベルにとどまっている場合、事件の内容ではなく事件の書かれ方（語られ方）を解釈するという別の視点から教材文を見つめ直した授業展開の再構想を、授業者に促すような批評会の組織化が効果的であると考える。

### 2.3.4　総括

　これまで述べてきたことの要点を総括すると次のようになる。
　教育実習生は、国語科授業研究で、
- 教育政策や国語施策の動向を把握し、その趣旨に沿った授業づくりを目指す。
- 教育実習の終わりだけでなく全期間を通じて日常的に授業研究に励む。
- 授業者は、単独ではなく、集団で協同的に、授業をふり返り、成果と課題の発見、課題解決の方策を模索する。
- 授業批評者は、授業者が抱える課題の領域を見極め、その課題解消のために授業者とは異なる視点からのアイデアを提示するとともに、授業者に寄り添いつつ授業計画の再構築を支援する。

ことによって、国語科授業づくりの力量（「実践的見識」）を効果的に高めることができる。

## 参考・引用文献

秋田喜代美（2000a）「教えるための実践的知識」森　敏昭・秋田喜代美編『教育評価重要用語300の基礎知識』　明治図書　p.223.

秋田喜代美（2000b）「省察（リフレクション）」森　敏昭・秋田喜代美編『教育評価重要用語300の基礎知識』　明治図書　p.231.

文芸教育研究協議会（2005）『文芸研・新国語教育事典』　明治図書

文化審議会（2004）「これからの時代に求められる国語力について（答申）」

広島大学教育学部　広島大学附属中・高等学校　広島大学附属東雲中学校　広島大学附属三原中学校　広島大学附属福山中・高等学校（2003）『中・高等学校教育実習の手引き（平成15年度版）』pp.28-29.

井上尚美（2005）『国語教師の力量を高める―発問・評価・文章分析の基礎―』明治図書　pp.52-86.

市川伸一（1995）『現代心理学入門3　学習と教育の心理学』　岩波書店　p.36. p.52.

伊藤康児（1999）「授業形態の理解」多鹿秀継編著『認知心理学からみた授業過程の理解』　北大路書房　pp.122-123.

レイヴ，ウェンガー著・佐伯胖訳（1993）『状況に埋め込まれた学習―正統的周辺参加―』　産業図書　pp.25-27.

宮崎典男（1980）『文学作品の読み方指導』　むぎ書房

文部科学省（2009）「高等学校学習指導要領」

大槻和夫（2004）「授業改善に生きる評価」日本国語教育学会編『月刊国語教育研究』382　p.6. p.8.

坂本篤史・秋田喜代美（2008）「授業研究協議会での教師の学習―小学校教師の思考過程の分析―」秋田喜代美／キャサリン・ルイス編著『授業の研究　教師の学習　レッスンスタディへのいざない』　明石書店　pp.98-99.

佐藤　学・岩川直樹・秋田喜代美（1990）「教師の実践的思考様式に関する研究(1)―熟練教師と初任教師のモニタリングの比較を中心に―」『東京大学教育学部紀要』第30巻　pp.177-198.

佐藤　学（1996a）「授業という世界」稲垣忠彦・佐藤　学著『授業研究入門』岩波書店　pp.115-139.

佐藤　学（1996b）『教育方法学』　岩波書店　pp.137-139.

佐藤　学（1997）『教師というアポリア―反省的実践へ―』　世織書房　p.41. pp.57-65.

佐藤　学（1999）「カリキュラム研究と教師研究」安彦忠彦編『新版カリキュラム研究入門』　勁草書房　pp.165-167.

佐藤　学（2001）『学力を問い直す―学びのカリキュラムへ―』　岩波ブックレッ

ト548　p.52. p.59.
澤本和子・お茶の水国語研究会編（1996）『わかる・楽しい説明文授業の創造―授業リフレクション研究のススメ』　東洋館出版社
Shulman, L.S. (1987) Knowledge and Teaching, Foundations of New Reform, Harvard Educational Review 57 (1) pp.1-22.
髙木展郎（1997）「教師教育のための授業研究」全国大学国語教育学会編『国語科教師教育の課題』　明治図書　pp.92-93.
德岡慶一（1995）「pedagogical content knowledge の特質と意義」日本教育方法学会編『教育方法学研究』21　pp.67-75.
戸塚茂則（1999）「授業研究と研究授業」恒吉宏典・深澤広明編『授業研究重要用語300の基礎知識』　明治図書　p.37.
豊田ひさき（2007）『集団思考の授業づくりと発問力・理論編』　明治図書
鶴田清司（2007）『国語科教師の専門的力量の形成―授業の質を高めるために―』　溪水社　pp.104-107.
吉本　均（1995）『発問と集団思考の理論　第二版』　明治図書　pp.110-116.
吉崎静夫（1987）「授業研究と教師教育(1)―教師の知識研究を媒介として」日本教育方法学会編『教育方法学研究』13　pp.11-17.
吉崎静夫（1991）『教師の意思決定と授業研究』　ぎょうせい　pp.123-126.

## 第3章　研究授業経験を通じて構築される
## 　　　　国語科授業実践知の諸相

　教員研修における代表的な取り組みの1つに、研究授業がある。教師が授業を公開し、その後の授業批評会で同僚教師とともに、その授業の成果と課題を協議するものである。批評会では同僚教師から種々の批評がなされるが、授業者の教師は、それらの批評すべてを受け入れるわけではない。授業者である教師は、同僚教師がそれぞれ個別の教職経験を背景にしながら提示する多くの批評の中から、ある一部の批評を取り立てて、その教師なりの意味づけである「再文脈化」を行う（リトル：2003）（坂本・秋田：2008）。そのような状況にあって、授業者の教師は、同僚教師による種々の批評の中から、どの批評を、どんな理由で（どんな必然性のもとで）取り立てることにより、研究授業に関わる経験を意味づけていくのであろうか。
　本章では、研究授業（授業公開および事後批評会）経験を通じて構築した高校国語科教師たちの多様な授業実践知を、個々の教師の経験の文脈をふまえながら具体的に描き出す。
　研究授業を経験することによって授業者教師は、同僚教師たちから批評を受ける。その結果、他者の視点、過去から現在の、そして未来を志向する自分自身の視点など、複数の視点から実践を省察するに至る。そうした、ある意味、自らの現実践を相対化し得るような経験を通じて、国語科教師たちは、どんな授業実践知を構築し得たのか、そして、その授業実践知は、どのような必然性があったからこそ構築されたのか、個別事例に即して解明する。

## 3.1. 指導過程に関わる授業実践知の構築

### 3.1.1 問題の所在

　ここでは、2名の初任高校国語科教師たちが、国語科「読むこと」の指導過程に関わる授業実践知構築に至る過程を解明するが、研究授業の一環として行われる授業批評会で提示された同僚教師たちの批評に注目し、授業者である初任教師たちが同僚教師たちの批評をどのように取り込みながら、どんな授業実践知を構築しているかを分析する。これは、授業者教師自身が、授業を改善するプロセスの中で、自らの指導過程を捉え直していくという、教師の学習過程を描き出す研究であり、これまでの国語科指導過程研究では言及されることはほとんどなかった。なお、対象教師を初任教師とした理由は、熟練教師たちに比べ経験が少なく自分固有の実践知が定着していないがゆえに、同僚教師たちの種々の批評の受容に積極的であると考えられるからである。

　国語科指導過程に関する先行研究の課題の1つに、定式化・固定化された指導過程論が成果として提示される傾向が強いという点が挙げられる。これでは、ある指導過程論が、授業実践上のどんな課題をどう克服するから有効なのかを、実践者教師が見極められず、理論を機械的に適用せざるを得なくなる。その結果、学習者の学びを促す授業が実践できず、授業の形骸化を招く（大槻：1993）（鶴田：2009）。

　定式化・固定化された指導過程論の代表が、「読みて主体（子ども）の意識（認識・思考）を重視する」一読総合法（児童言語研究会）、「読みの対象である作品の構造に重点がかけられ、その知覚から分析へと向かう」三読法（教育科学研究会）である（井上：1966）。さらに、稿者の実践経験に基づきながら、一読総合法と三読法を発展させた、文学的文章の指導過程論も提示されている。「主体における認識の成立・深化の原則」と「言語作品の構造」とによって規定され、「他者理解＝出会いの成立過程」としての「読みの過程」に即して「主体的読者＝主体的学習者を育てていく」

第 3 章　研究授業経験を通じて構築される国語科授業実践知の諸相

「読みの指導過程」である（田近：1976）。また、「全文通読」にはじまり「各小段落ごとの精読」を経て「大段落に分ける作業を通して、より正確な理解を期す」「事実を正確に読む」段階へ至る、説明的文章の指導過程論もある（渋谷：1971）。こうした研究成果は、現場教師の立場からすると、規範モデル的・格率的な意味合いで受け止められる。これらの先行研究は、具体的な実践の文脈に即しつつ、国語科指導過程を授業改善のために捉え直すという、課題の発見からその解消に至る教師の学習過程を描き出すことについては、直接の対象としてこなかった。

　また、「『仮説としての指導過程』という考えを持ちつつ、眼前の学習者と自己の教育的価値観を見据えて、教師は多様な指導過程を試みていくことが肝要である」（竹長：2002）などと、教師自身が実践をベースに自ら指導過程を構築していくことの重要性が指摘されてはいるが、それは課題解決の方向性の指摘にとどまり、実際に教師が自分にふさわしい指導過程をどう構築しているのかという教師の学習過程の解明は残されたままとなっている。

　このような国語科指導過程研究の現状をふまえ、本節では、定式化・固定化された指導過程論の提示を目的とせず、課題発見からその解消に至る授業改善の過程で、国語科教師が、自らの国語科指導過程をとらえ直すという、教師の学習過程の解明を目指す。その際、昨今の教師研究で重視されている「反省的実践家」および「同僚性」をベースとした分析を行う。

　教職専門家像として「反省的実践家」（ショーン：2001）という概念が措定されたことによって、授業実践の文脈に基づく教師の省察が重視されるようになってきている。国語科授業に限らず、授業研究では、「どの教室にも通用する一般的な技術的原理」ではなく、個々の授業における出来事の意味が、教師の語りによって探究されるようになった（佐藤：1996a）。脱文脈化された授業技術理論では教室に生起する複雑な問題解決には対応できないため、実践の文脈をふまえつつ授業における出来事の意味を豊かに多面的に捉えていくのである。国語科教育研究でも、「どの教室にも通用する一般的な技術的原理」ではない、特定の教師の個別具体的な経験の

59

文脈を反映した「実践的知識」が事例研究により明らかにされてきた（藤原・遠藤・松崎：2002）（藤原・荻原・松崎：2004）（藤原・遠藤・松崎：2006）（藤原・今宮・松崎：2007）。ただし、「反省的実践家」としての教師をベースとしながら課題発見から解消に至る教師の学習過程の解明については、十分な研究成果が蓄積できていない。

　また、教師の専門性開発の鍵となる「同僚性」（佐藤：1996b）（秋田：1998）（秋田：2006）に注目した授業研究も、結果として導き出される抽象理論ではなく、教師同士が互いに学び合うことによって実践的な知見を高め続けていくという、教師の学びの過程を重視する。そして、「同僚性」を象徴するものとして、授業批評会という、公開授業後に実施される同僚教師相互の学び合いの場がある。多くの授業批評会では、同僚教師それぞれが個々の経験をベースとした批評を提示し、多種多様な批評が交流される。そこでの批評を拠りどころに授業を省察する授業者教師は、同僚教師の批評すべてを均質に受容するわけではない。授業者教師は、自らの課題を意識化し、その課題解決に資すると考えられる同僚教師の批評を取捨選択し、かつ、選択した批評を独自に意味づけながら授業実践知を構築する。

　以上のような先行研究をふまえ、ここでは、授業批評会での同僚教師の批評を手がかりに省察する国語科教師の学習過程を分析し、国語科指導過程に関わる授業実践知を解明する。

　なお、研究テーマを指導過程とした理由は、異なる環境に置かれた複数の調査対象教師が、インタビュアーである筆者が指導過程を取り立てるような問いかけをしていないにもかかわらず、ともに指導過程に重点を置いて語ったからである。

　本節で解明する国語科指導過程に関わる授業実践知を先行研究における指導過程論と対照させて考察することによって、教師の語りが持つ実践性が浮き彫りになると考える。さらには、国語科指導過程づくりに悩む他の国語科教師たちが、ここで示した授業実践知を参照することによって、課題を解消していくための学習の見通しを手に入れることができるだろう。

第3章　研究授業経験を通じて構築される国語科授業実践知の諸相

### 3.1.2　調査の概要

　教員採用後数年の初任教師2名（R先生・T先生）を対象に、研究授業（授業公開・授業批評会）の観察およびインタビュー調査を実施した。授業観察では、現象面での各授業者の特徴把握に努めた。インタビューでは、各授業者と文脈を共有しながら、現象を成り立たせている各授業者の意図やねらいを浮き彫りにできるようにした。

《研究協力者》指導過程にこだわって課題発見と課題解消の見通しを語る2名の高校国語科教師に協力いただいた。R先生（近畿地方公立高校）、T先生（中国地方公立高校）ともに、大学進学を中心とする教育課程編成校に勤務する初任期国語科教諭（臨時講師経験あり）である。ただし、初任者研修における同僚指導教員の関与の度合いには程度差がある。T先生には、ほとんど毎週、指導教員による授業観察、指導教員の示範授業観察、授業反省記録が、初任者研修の一環として課せられている。他方、R先生は、指導教員と密な関係を築きつつ充実した研修が計画・実行されているものの、T先生ほど研修計画が詰め込まれているわけではない。

《調査時期》平成21（2009）年10月〜11月

《調査の流れ》

(1)　事前に研究授業の学習指導案を受け取り、授業観察の方法、インタビューでの質問項目を検討した。

(2)　公開授業および直後の授業批評会を観察・記録した。

(3)　公開授業および授業批評会を中心テーマとするインタビューを行った。なお、インタビューの場には、研究協力者に加え、同僚教師1名と筆者とが同席している。

(4)　インタビュー・データはすべて文字化し、分析資料とした。

《公開授業の概要》文学的文章か論理的文章かの違いはあるが、R先生、T先生ともに、一教材文そのものを読み深める授業を公開した。教材について、R先生は、宮沢賢治「なめとこ山の熊」（東京書籍『精選国語総合』所収）、T先生は、北山晴一「衣服という社会」（第一学習社

61

『改訂版高等学校現代文』所収）である。

《インタビューの概要》半構造化インタビューとして展開し、基本的に、授業者教師が、授業批評会における同僚教師の批評を自由に取捨選択しながら、自分の授業の課題を自覚し、課題解消に向けての見通しを語ってもらうという方向で行った。なお、聞き手である筆者の側から、指導過程について取り立てて語るように働きかけてはいないにもかかわらず、両先生は、授業実践上の切実な課題を指導過程のあり方に見出した。

### 3.1.3　分析結果

授業批評会における同僚教師の批評を拠りどころとしたR先生・T先生それぞれの指導過程に関わる授業実践知の構築プロセスの全体像は、次のとおりである。

なお、ここでは、R先生・T先生の語りをカテゴリー分析した。分析の結果、まず概念を導き出すとともに、複数の概念を統合し、カテゴリー化を試みた。以下、［　］はカテゴリー概念を、【　】はコア・カテゴリー概念を、それぞれ示す。

インタビューの文脈は、各先生の授業実践上の課題に沿った形で進行し、その中で先生がたは、課題となっている文脈を逸脱することなく、その課題を具体化したり深めたりしながら、インタビューに応じてくださった。

比較的教職経験が浅く、1時間1時間の授業をこなすことで精一杯になりがちな初任教師の場合、教材研究のあり方、学習指導事項の配置の仕方といった授業づくり全般にわたって【指導過程の系統性】こそが授業改善の鍵となる。ただし、この【指導過程の系統性】は、教師の置かれた状況の違いにより、［授業間の系統性］と［授業内の系統性］とに細分化される。

R先生の場合、限られた授業時間数で多くの教科内容を消化しなければならないという焦燥感を持ちつつ、日々の実践に取り組んでいる。した

第3章　研究授業経験を通じて構築される国語科授業実践知の諸相

がって、1時間1時間の授業が断片的なものとなり、指導過程に系統性や深まりがないことを課題視するに至り、次のように指導過程をとらえ直す。まず、一連の授業の中で各学習指導事項の軽重を見極めることが重要であり、重要事項（たとえば、小説の登場人物が複雑に絡み合う場面のような、多様かつ高度な読み取りが要求される箇所）に限っては学習者同士の話し合い活動を組織するなどして十分な時間を確保する。さらに、教材文の読みを段落ごと、場面ごとの断片的なものとせず、授業の流れに伴った深まりあるものとするために、教材研究のあり方を見直す。1時間単位の授業で扱う教材文の範囲のみならず、その前後の授業で扱う範囲を含めた視野の広い教材研究が求められると語る。これまでは、教材研究を1時間で扱う範囲のみで行っていたため、断片的で深まりのない授業が連続していたということである。つまり、教科内容を消化するために必要な授業時間数に不足感を抱き、個々の授業が断片的になりがちであったR先生にとっては、教材研究の段階を含めた授業づくり全般にわたり［授業間の系統性］を意識することこそが授業改善の見通しとなるのであった。

　他方、T先生は、教材文中の個々の表現を文章全体の展開と結びつけて読み進めることの重要性を認識しながらも、実践においては、1時間の授業内の各学習指導事項に系統性を持たせられず、教材文の断片的な注釈に終始してしまっていることを課題視する。そこで先生は、次のように指導過程をとらえ直す。まずは、1時間の授業における個々の学習指導事項を断片化せず常に全体に位置づけたものとする。たとえば、文中の、ある抽象表現の注釈をする場合であっても、その注釈が教材文全体の流れ、あるいは、直前直後の授業の流れにつながるものでなければならない。また、学習者が想定外の箇所（重要度の高くない箇所）にこだわり授業の流れが崩れた場合などは、教材研究不足に原因を帰属させ改善を試みる。教材研究不足により、重要度の低い箇所、高い箇所を事前に見極めておかなかったがゆえに、学習者が重要度の低い箇所にこだわった場合に、そこへ教師が引きずられてしまうというのである。このように、1時間の授業内の個々の学習指導事項が断片化してしまいがちであったT先生にとっては、

［授業内の系統性］を意識することこそが授業改善の見通しとなる。
　以下、筆者が観察した授業にも言及しながら、インタビュー・データを分析し、授業実践知構築に至るプロセスを具体的に記述・解釈する。なお、インタビュー・データからの直接引用箇所は〈　〉で表記している。

### 3.1.3.1　R先生の事例

　R先生は、ある特定の１時間の国語科授業を、単元全体、あるいは、長期的には年間指導計画全体の中に位置づける、つまり、１時間ごとの授業相互につながりを持たせるという意味での【指導過程の系統性】に課題を見出す。［授業間の系統性］という意味での【指導過程の系統性】である。

　筆者が観察した授業では、教材「なめとこ山の熊」中盤の、母熊と小熊の会話を小十郎が見つめる場面が扱われ、劇の台本作り（教材文の表現に、学習者の解釈を反映したことばを付け足すというもの）を通じて各登場人物（主として母熊と小熊）の心情が読み深められた。計画では、母熊と小熊を見つめる小十郎の思いを読み深めるところまでを扱うことになっていたが、時間不足のため、母熊と小熊の様子を読み深めるにとどまった。

　授業後の批評会では、学習者に発問の意図が伝わっていなかった点、グループ学習組織の方法、時間不足のため十分読み深めることのできなかった登場人物（小十郎）の思いにこだわることの重要性など、さまざまな観点から批評がなされた。

　このように、多くの観点から批評を受けたのであるが、インタビューでの先生の語りは、先生にとって切実な課題である［授業間の系統性］というテーマに沿って一貫性を持って構築された。そこでは、ある同僚教師の批評の文脈は転換され、別の同僚教師の文脈は肯定的に受容されるなどして、課題の表象と、その解消に向けての見通しが語られた。

#### 3.1.3.1.1　同僚教師の批評の文脈の転換

　インタビューは、授業批評会で同僚教師から提示された種々の批評のうち、R先生の印象に残っているものを自由に想起していただくことから始めた。その中で、R先生は、以下の２つの批評を取り上げる。

第3章　研究授業経験を通じて構築される国語科授業実践知の諸相

〈筆者：それじゃ、最初の質問なんですけど、(中略) 研究協議の中でいろんな先生からいろんな指摘があったと思うんですが、(中略) その中で、今振り返られて、あの、R先生が最も印象に残っていることを挙げるとすれば、どのようなことになるのか、まず、お教えいただけますでしょうか。〉

〈R先生：僕が昨日の研究協議で印象に残っている部分というと、1番、2点あるんですよ。最後の、HT先生がおっしゃられた、最後(小十郎の思いの読み取り……筆者注)への持っていきかたをどういうふうにしていくのか、そこ(母熊と小熊の会話……筆者注)で、(グループによる話し合い活動を組織して……筆者補足)時間をかけすぎると、また同じように最後(教材文の展開上重要な、小十郎の思いの読み取り部分……筆者注)でも(話し合い活動をさせるなどして……筆者補足)時間を取らないといけないということ、(中略) 進度をそろえているという部分がありますので、1年生のなかで。そこをどういうふうに克服していかないといけないのかということは、まあ、前から思っていたことではあったんですけど、やっぱり、その、グループ学習であったり、進度については、教え方とか、そういうものを含めて、まあ考えていかなければならないと思いました。(中略) あとは、HM先生がおっしゃられた、講義形式が悪いという問題ではなくて、生徒の読みにプラスして教師が引っ張っていってあげるという、その考えが、ちょっと最近忘れがち、わかっていたことなんですけど、改めて言われたら、どうしてもグループ活動とか、そういうことをさせることに力を入れている、そういうことを中心に考えすぎていて、引っ張って読ませてあげるとか、そういう読みの、深い読みをさせることよりも、何か自由に生徒に読ませることが良しじゃないですけど、そういうふうに考えていたところが、少しあるなと思いました。〉

〈筆者：その2点について、もう少し詳しくお聞きしたいんですけ

ど、その、今、先生が挙げていただいた2つの点は、先生が担当している子どもたちにとって、どのような理由で、今、挙げられた2つの点は大事だと考えられますか？〉

〈R先生：そうですね、まず、進度の点なんですけど、考えさせてじっくり読ませてあげたい、現代文の文学的作品を、という気持ちもあるんですけど、やはり、教えないといけない容量、そういうのが、あると思うので、（中略）文学作品は何作か読んでないとというのに、とらわれすぎているなというのは感じています。あの、HM先生のが印象に残っているのは、（中略）現状、今教えている１２３組の生徒に発問して答えるというやり取りをしてる中では、（教材文の……筆者補足）後のつながりを考えて読み取るところまでをしようと、したいという（学習者の……筆者補足）意欲を引き出せていないので、（学習者たちは……筆者補足）もうどうしても、一問一答とまではいかないにしても、（教材文の部分的な註釈に関わる……筆者補足）そういう、すぐ答えがないと、もういい、もう面倒くさいという、すぐに見つかる答え、すぐにわかる答えでないと、おもしろくないというふうになってしまうんで、もっとそれ（教材文全体に関わる読みで、多様な解釈が可能な深い読み……筆者注）をどうにかして（学習者から……筆者補足）引き出していかないといけない、いきたいなと思いながらも、そこができていないので、（中略）昨日は印象に残りました。〉

ここに登場するHT先生の批評とHM先生の批評は、［授業間の系統性］に直接関わるものではなかったが、R先生は、それぞれの先生の異なる批評の文脈を、［授業間の系統性］というR先生にとって課題となる文脈へと転換させてしまう。

HT先生の批評は、母熊と小熊の会話に注目するばかりで、その光景を注視する「小十郎」の思いに触れきれていなかったR先生の本時の授業展開に対する反論である。つまり、この場面での学習は、母熊と小熊の会話

ではなく、それを見つめる「小十郎」の思いの読み取りを重視した方がよいという意図である。ところが、その批評を受けたＲ先生は、本時で扱う場面をどう読み取らせるかに関わるＨＴ先生の文脈を、［授業間の系統性］の文脈へ転換する。〈教えないといけない容量〉がある中、学年全体で、ある程度〈進度をそろえている〉。そのような状況で、教材文の展開上それほど重要でない、母熊と小熊の会話部分で話し合い活動を組織するなどして〈時間をかけすぎると、また同じように最後（教材文の展開上重要な、小十郎の思いの読み取り部分……筆者注）でも（話し合い活動をさせるなどして……筆者補足）時間を取らないといけな〉くなる。つまり、それほど重要でない箇所で話し合い活動を組織するなどして授業時間を費やしてしまうと、重要な箇所ではなおさら多くの時間を確保しなければならなくなる。結果、時間不足に陥る。だから、〈進度〉を考えると、学習指導事項の軽重を見極めた［授業間の系統性］に基づく適切な時間配分が求められるが、本時の授業ではそれが不十分だったと語るのである。

　また、ＨＭ先生の批評は、学習者の読みの水準を引き上げる教師の働きかけが必要不可欠であるにもかかわらず、本時ではそれが不十分であったという趣旨である。学習者同士での読みの交流活動は組織されながらも読みの質を高めきれなかった本時の授業の課題を提示したのである。それに対し、Ｒ先生は、学習者の話し合い活動を重点化し過ぎた結果、〈教師が引っ張っていってあげるという、その考えが、ちょっと最近忘れがち〉であったと受け止める。そして、〈教師が引っ張って〉いく読み、つまり、〈深い読み〉とは、教材文のある箇所を直前直後の文脈のみに注目して〈一問一答〉形式で読むのではなく、教材文全体を視野に入れ、それ以前の部分だけでなく、〈後のつながりを考えて読み取る〉ことだと具体化する。つまり、Ｒ先生は、学習者の読みを高めるためにもっと教師が介入すべきだというＨＭ先生の文脈を転換し、当該授業のみならず前後の授業で扱う場面をも視野に入れながら教材文を読み深めさせる授業展開をしたいができていないという［授業間の系統性］に課題を見出す。

### 3.1.3.1.2 同僚教師の批評の文脈の肯定的受容

　インタビューの中盤で、同席した同僚の中堅教師ＨＹ先生が語ると、Ｒ先生は、その同僚教師の文脈を肯定的に受容しながら語りを進めた。

　筆者は、同僚教師ＨＹ先生に対しても、Ｒ先生と同様に、授業批評会における種々の批評の中から、ＨＹ先生にとって印象深い批評を取り上げていただくようお願いした。すると、ＨＹ先生はＲ先生とは異なる、次のような批評に注目した。

　〈ＨＹ先生：その（話し合い……筆者補足）活動のポジションというか、どこでどんなことをすることが生徒の理解に結び付いていくのだろうかという、その効果的な配置というところ（を指摘された同僚教師の批評内容が課題だと思います……筆者補足）。〉

　〈筆者：どうしてＲ先生が注目されたところとは違ったところに注目されるようになったのかというところをお聞かせいただければと思うんですけども。〉

　〈ＨＹ先生：（前略）Ｒ先生は、あの、何ていうんですか、生徒に自由に発言させる、考えるという言葉が何回か聞かれて、おっしゃったと思うんですけど、何か、何て言うんでしょうか、私は、ある程度、やっぱり、こう、全体を把握して、その中での、一部として、たとえば、生徒の自由な度合いを置くと言いますか、だから、それがすべてではない、かもしれないですね。（中略）自分はやはり、一つの教材を扱う時には、絶対、トータルで先見る、です。前からは進めなくて、この教材は、たくさん伝えたいことはあるし、一緒に学びたいポイントはあるんだけども、やっぱり全部は無理なので、こことここをここではしたい、それは年間の流れの中での位置づけでもあったりすると思うんですけども、いうふうに、こう、ちょっと、何年かする中で、先が見えるというか、生徒、ここの生徒たちに足りないもの、こ

第3章　研究授業経験を通じて構築される国語科授業実践知の諸相

の時点でまだ身についてなくて、でもつけて、つけなくちゃいけない力とは、こんなんだよねという、大まかな把握というのが、まあ、徐々にするようになってきたといいますか、その中で、この教材の位置づけはここだよというのを考えるというようなことが、だからできてきているというか、（中略）（Ｒ先生とは……筆者補足）そういう見方の違いというのが少しあるのかなあと、思ったりするんですが。〉

　ＨＹ先生は、学習者同士の読みの交流活動を配置するにしても、１授業または単元全体の中における、その〈効果的な配置〉を考えることの重要性を指摘した、ある別の同僚教師の批評を取り上げる。そして、ＨＹ先生は、経験年数において互いに差のあるＲ先生と自分とを比べ、教職経験を重ねることによって〈先が見える〉ようになるという。そして、〈先が見える〉という全体的な見通しの中で、全体の一部としての、いま・ここの必然的な活動として、〈たとえば生徒の自由な〉交流活動を位置づける、と語る。この、ＨＹ先生の、単元あるいは年間指導計画全体の中に、必然性のある各時間の学習指導事項を位置づけるという文脈は、Ｒ先生にとって切実な課題である［授業間の系統性］の文脈に通じるため、これを聞いたＲ先生は、昨年まで同僚だったＨＯ先生との似たようなやりとりを連想し、［授業間の系統性］の重要性を再認識する。

　〈筆者：どうですか、（中略）今のＨＹ先生の話を聞かれて。〉

　〈Ｒ先生：そうですね。去年、１年生で同じ先生で、ＨＯ先生っていう先生がいらっしゃったんですけども、その先生とも話していて、見通し、年間の見通し、その１年、もっと大きく言うと３年までの見通しというのを、意識されてやられているなというのを感じてはいて、やらなあかんと思いながら、どうしても教材一つひとつに、その教材一つひとつも教えたいことか、自分が伝えたいなと思うことに集中

し過ぎて、その流れというのは、意識がちょっと薄い部分が自分の中でまだまだあるなと思ってまして。〉

また、［授業間の系統性］に関わって今後の教職生活の抱負を語ってほしいという筆者の問いかけに、教材研究のあり方を中心に次のように語る。

〈R先生：まあ他の仕事を言いわけにはしたくはないんですけど、授業の導入部分であったりとか、そういうところで、（教材研究が不十分なまま…筆者補足）つい授業をしてしまった授業があると、どうしても授業はずっと１単元まるまる、この授業として考えないとだめなので、はじめのここまでしか（当日の授業で扱う部分までしか……筆者注）教材研究ができていない段階で（教材文の部分的な注釈に関わる……筆者補足）授業をしてしまうと、後半（当日以降の授業……筆者注）とのつながりとかの部分で、また（学習者の発言の……筆者補足）引き出しができなくなって、最終的にこっち（教師側……筆者注）で（強引に前後のつじつまを合わせて……筆者補足）教えるという形になってしまうのがあるので、特に文学教材だったら長い、その計画をまず立ててから、１時間目何しようとか、いうふうにしていかなければならないと思うんですけど、（授業が……筆者補足）明日とかに迫ってきて、これ終わったから次というので、すごい悩んでいるので、それをある程度、この教材だったら何時間で、こういうふうに教えていこうというのを自分の中で確立するというのが、去年の初任者研修の時も、教材研究の方法を確立というのをテーマに一応やらせてもらったんですけど、それはまあ、結果としてそんなにできていないんですけど、教材研究の方法を自分の中で、評論だったら、こういうふうに自分の中で読んでいってここを注目してというのをそういうのを蓄えていって、計画できるようになっていって、計画を何時間でやる、ここでそれじゃこれをこれやってというふうに授業計画を立てられるようになっ

ていきたいな（と考えています……筆者補足）。〉

　ここでＲ先生は、ＨＹ先生やＨＯ先生の［授業間の系統性］に関わる批評を先生自身の課題として直接的に受け止め、多忙感ゆえに教材研究が断片的になりがちであることを振り返る。〈どうしても教材一つひとつに、その教材一つひとつも教えたいこととか、自分が伝えたいなと思うことに集中し過ぎて〉視野が狭くなり、授業の〈流れというのは、意識がちょっと薄い部分が自分の中でまだまだあ〉り、［授業間の系統性］がないことに課題を見出す。そして、課題解消のためには、教材研究が鍵になるという。［授業間の系統性］のための教材研究とは、教材全体の全指導計画を確立した後、１時間１時間で扱う内容を配置し、その中の一部として、たとえば、十分な時間を確保して学習者に活動させる箇所を特定する、といった重点の置きどころを考えた教材研究である。

### 3.1.3.1.3　授業批評会に拠ったＲ先生の授業実践知構築プロセス

　Ｒ先生は、１時間１時間の授業が断片的で系統性がないという課題のもと、学習指導事項の軽重を見分け、学習指導事項同士のつながりを十分意識し、重要な箇所でこそ十分な学習指導時間を確保するという［授業間の系統性］に課題解消の見通しを見出す。したがって、授業批評会で指摘された多様な同僚教師の批評は、この［授業間の系統性］の文脈に沿うように、ある同僚教師の批評は捨象あるいは転換され、別の同僚教師の批評は直接的に受容された。ＨＴ先生とＨＭ先生の批評のように、公開された１時間の授業に限定した批評は、その批評の内容をふまえつつ、１時間という短い時間ではなく、その前後の時間をも含む［授業間の系統性］の文脈に転換され、Ｒ先生なりに語りを発展させる。その結果、学習指導事項の軽重を見極める、あるいは、教材文全体のつながりを意識した読みをさせる、といった実践知が構築されるに至った。また、ＨＹ先生やＨＯ先生の批評のように、直接［授業間の系統性］に関わる文脈で批評がなされると、その批評の文脈を肯定的に受容しつつ、Ｒ先生なりにその内容を拡充する。その結果、教材文全体を見通した上での教材研究と授業計画を行う

ことで、単元全体につながりを持たせることの重要性を認識するに至る。

### 3.1.3.2　T先生の事例

　T先生は、ある特定の1時間の国語科授業内において流れを作り、1時間の授業の中での各学習指導事項を断片的に取り扱わないという意味での【指導過程の系統性】に課題を見出す。[授業内の系統性]という意味での【指導過程の系統性】である。

　筆者が観察したT先生の授業は、教材「衣服という社会」はじめ、衣服を通したミメティスム行動と反ミメティスム行動により、衣服の選択が社会化されているという箇所を扱った。計画では、ミメティスムや反ミメティスムといった個別の抽象表現の注釈と、論の組み立ての把握を目標としていたが、ほとんどの時間が抽象表現の注釈にあてられた。つまり、衣服を通してのミメティスム行動という抽象表現を、身近な具体例を取り上げながらイメージ豊かに理解する学習活動が中心となった。

　その後の授業批評会では、表現と表現との関係がもっとわかりやすい板書にした方がよいという課題やその代案が示されたり、抽象表現を具体例でもって説明する、あるいは、学習者の発言を取り上げつつ先生が補足説明するといった授業展開のわかりやすさが賞賛されたりと、さまざまな批評が提示された。

　ところが、インタビューは、[授業内の系統性]というT先生にとって切実な課題に沿って進行し、同僚教師の多くの批評の中から一部の批評を取り上げたり、インタビューにおける筆者の問いかけの文脈を転換したりしながら、課題の表象と解消に向けて語りが構築された。

#### 3.1.3.2.1　同僚教師の批評の文脈の取り立て

　インタビューは、R先生の調査と同様、同僚教師から提示された種々の批評の中から、印象に残っているものを自由に想起していただくことから始めた。その中で、T先生は、指導教員であるHG先生の批評の一部を取り上げる。

第３章　研究授業経験を通じて構築される国語科授業実践知の諸相

〈筆者：研究協議で、(中略)最も印象に残っている(同僚教師の……筆者補足)コメントっていうのは何でしょうかね。〉

〈Ｔ先生：やっぱり自分が気になっているところというか、授業をする上で何かこう、ここどうかなと思っているところに対するコメント、やっぱりいつも、ＨＧ先生に言われて印象に残る、今日の場合で言うと、最後のところで、ミメティスムと反ミメティスム、(中略)を説明するのにそれぞれ簡単に例を挙げて説明したんですけど、(中略)その例が適切だったのかどうかということが、先生に言われて一番印象に残っていて、そのあとの流れを考えて、この文章の趣旨を考えたら、全然適切な例ではなく、例が適切でなかったという(中略)こともあるし、そのことに対する私の説明も次につながるものでもなかったし、ただ単に挙げてしまっただけで、深く考えずにこれは挙げてしまって、ただ具体例を挙げるというところでも全体の流れを考えなくてはいけないと思いました。〉

Ｔ先生も、Ｒ先生と同じく、普段から課題視している事柄に対する批評が印象に残るという前提を示した上で、今回の場合、指導教員ＨＧ先生による批評がこれに相当すると語る。Ｔ先生は、論理的文章教材文中の、ある抽象的表現について、具体例を挙げて解説したのであるが、その例が教材文全体の流れに位置づかない不適切な例であったことを、ＨＧ先生の批評を手がかりに省察している。そして、この批評が大切だと痛感した理由について、Ｔ先生は次のように語り続けた。

〈筆者：それが、現代文の授業をする上で大切だと考えた理由だとか、きっかけとか、思いつくことないでしょうか。〉

〈Ｔ先生：授業の中で、流れを作るということが、理解を深めることにつながるんじゃないかということが、４月から授業をＨＧ先生に見

せて頂いていて、すごい何か、最初（ＨＧ先生が……筆者補足）言われたことが最後につながっている、ＨＧ先生の授業はだいたいそうなっていて、最後のところが最初につながっていると、（中略）それは私がそういう目で見ているから思っているわけで、でもＨＧ先生は考えているんだなというのがわかって、それが理解が深まるということにつながるんだと思っているにもかかわらず、（自分が……筆者補足）やっていない。〉

　［授業内の系統性］の大切さは、初任者研修の一環として行ってきた、指導教員ＨＧ先生の授業観察を通して繰り返し認識してきたことであった。しかし、その大切なことが今回の授業で実現できていなかったために、他の批評ではなく、ＨＧ先生による、具体例の提示の不適切さを指摘する批評を取り上げたのである。しかも、この［授業内の系統性］は、指導教員ＨＧ先生に強制されたから大切だと認識したわけではない。

　〈筆者：このことは、ＨＧ先生と出会ってから、その重要性を認識されたのですか。〉

　〈Ｔ先生：ＨＧ先生と出会ってから認識したところが大きい。それまでは、読み取るというか、ここの意味はどうかとか、大学入試の問題を解くとかが中心だったので、文章を読み深めるとか、読み味わうとかいうような授業展開は自分でも意識してこなかった。４月からＨＧ先生の授業を見せていただいて、読み味わうことと理解を深める、理解するということが、こんなふうにうまくつながるんだということをすごい、思って、こういうふうにやっていきたいと思った。〉

　この語りにもある通り、Ｔ先生の臨時講師時代の授業は、教材文中の個々の表現の意味を断片的に解読することが中心であったようだ。それは、大学入試の設問をいかに解くかを意識したものであり、〈文章を読み

第 3 章　研究授業経験を通じて構築される国語科授業実践知の諸相

深めるとか、読み味わうとかいうような授業展開は自分でも意識してこなかった〉のである。ところが、指導教員ＨＧ先生の授業に出会うことによって、教材文中の個々の表現を断片的に読み解くというのではなく、部分と全体の表現同士の結びつきを常に意識しながら教材文全体を味わい読み深めるという国語科授業実践の醍醐味に気づいたのであり、そのための［授業内の系統性］であった。つまり、［授業内の系統性］はＴ先生にとって、ある意味、実存的関心をも満たすものとなっていた。

### 3.1.3.2.2　筆者の問いかけの文脈の転換

　続く後半のインタビューでは、聞き手である筆者が、あえて、［授業内の系統性］とは異なる文脈での問いかけを行った。なお、筆者が問いかけた以下の内容は、「（衣服の選択において人間は）無意識に他人のまねをしてしまう」という教材文中の表現をめぐっての、実際の授業場面での、Ｔ先生と学習者とのやりとりである。この場面で、学習者が無意識なんてあり得ないと、異を唱え、それに対してＴ先生が高校生にとってかつて身近であったルーズソックスの例を出して、何となく他人と同じ服装を多くの人がしてしまうことがあるといった説明を行い、「無意識に他人のまねをしてしまう」という表現の意味を学習者に納得させたのである。

　　〈筆者：昨日の研究協議のレコーダーをもう一度聞かせていただいた。突発的なことにうまく対応できていた。無意識に他人の真似をしてしまうというところで、生徒がこだわりを示して、そこから先生がルーズソックスの例を出したりしながらうまく展開できていたことをＨＧ先生をはじめ他の先生も良かったというふうにコメントされていたと思うのですが、この、意外なところに、先生自身が予想していないようなところにですね、生徒がこだわって、授業の当初の予定が少しずれるというような場面があると思うんですが、この問題というのは、先生の授業づくりにおいては、先ほどの問題と比べたら、全体の中に位置づけるという話と比べたら、重要度としてはいかがですか？〉

〈T先生：でもやっぱり、教材研究が自分で足りてなかったところだと思います。こう、予測して無意識にというのはこういうことなんだよという説明を私が最初にしておけば、そういうふうな時間（学習者が教材文の表現に異を唱え、その対応に費した時間……筆者注）も取らなくて済んだと思うんですけど、（中略）まあそうは言ってもみんなで考えることができたから、それはそれでよかったこともあります。反省点かどうかと言ったら、まあ、教材研究が不足だったという点では反省。〉

　ここで筆者は、授業における予想外の出来事に対するT先生の対応について、考え語ってもらうつもりであった。筆者は、〈先ほどの問題と比べたら〉と問いかけることによって、今回の問いを［授業内の系統性］とは別のテーマであることを示したつもりであった。ところが、T先生は、学習者の予想外の反応の原因を、〈教材研究が不足〉していたとし、学習者が異を唱え、授業の流れが滞ってしまいそうな箇所についての〈説明を私が最初にしておけば、そういうふうな時間も取らなくて済んだと思う〉と、［授業内の系統性］の文脈に転換する。つまり、教材研究を十分に行っていれば、文章の展開上、重視すべき表現と重視しなくてもよい表現が見極められ、当日の授業で学習者がこだわった表現はそれほど重要でないことがわかる。そして、その表現については、あらかじめ教師の側から適切な説明を施しておけば学習者の予想外の反応も生まれず、授業の流れが崩れることもなかったと言うのである。〈教材研究が不足〉していたがために、学習者だけでなく教師である自分も、文章の展開上、重視すべきでない表現にこだわって余分な時間を取ってしまい、［授業内の系統性］が壊れたというのである。

### 3.1.3.2.3　授業批評会に拠ったT先生の授業実践知構築プロセス

　T先生にとっては、ほぼ毎週行われる指導教員HG先生との授業交流中心の研修の影響により、［授業内の系統性］が理想の授業像となっていた。しかし、それがなかなか実現できないもどかしさを抱えていたがゆえ

に、［授業内の系統性］は切実な課題であった。したがって、インタビューでは、授業批評会でなされた数々の批評のうち、［授業内の系統性］に沿ったものが取り上げられ、授業展開に流れを作ることこそが、教材を読み味わい深めることにつながるという認識を持つに至った。さらに、聞き手の筆者による［授業内の系統性］とは異なる文脈での問いかけに対しても、［授業内の系統性］の文脈に転換して語り、教材研究を通じて、教材文中の個々の表現の軽重を見分けることの重要性を認識するに至った。

### 3.1.4 考察—実践の省察によって構築される授業実践知としての国語科指導過程論

先行研究と対照させる中で、授業実践知としての国語科指導過程論が持つ意義について考察する。

ここまで記述してきた2名の高校国語科教師による授業実践知構築プロセスは、実践性を伴った国語科指導過程論としての意義を持つと言える。教師が現状の国語科指導過程をとらえ直し授業改善を見通すという、教師の学習過程を介した指導過程論となっているからである。

従来の先行研究における国語科指導過程論は、現場教師が自分固有の授業実践上の課題を見極め、その固有の課題を克服するのに適した指導過程論を、課題解決（授業改善）のプロセスを含めて提示するというものではない。抽象化・脱文脈化・定式化した理論が、個々の国語科教室を超えて適用可能だとして、提示されてきた。しかも、その多様性について、「なにゆえかくも多様な指導過程論が成立・展開してきたのであろうか」（大槻：1993）と指摘されるほどである。したがって、これまでにない定式化された指導過程論を提示するだけでは多様性に拍車がかかるのみで、現場教師の混乱を招きかねない。そこで、国語科指導過程論の今後の研究の方向性としては、現場教師が必然性を持って自分にふさわしい指導過程を構築できるよう、その構築過程を教師の学習過程モデルとして提示することが求められる。

本節で示した授業実践知としての国語科指導過程論は、結果として定式

化された理論のみを提示するわけではない。結果が導かれる過程を教師の学習過程としてとらえ、過程と結果の全体を含めた教師の学習過程モデル理論としての意味合いを持たせている。

　R先生は、1時間1時間の授業が断片的で系統性がなく、単元内における重要な学習指導事項を絞り込んで時間確保ができない、教材文の読み深めができないといった課題を抱えていた。そこで、断片的で系統性の乏しい指導過程を、各時間相互の指導過程に系統性を持たせたものに改めることにより課題解決（授業改善）の見通しを手に入れた。

　また、T先生は、1時間の授業内における各学習指導事項がともすると断片的で非系統的になりがちであり、授業の展開にしたがって教材文を順次読み深め味わうことができないという課題を抱えていた。そこで、教材研究のあり方を改め、教材文の読み深めの過程に沿った、1時間の授業内における各学習指導事項が系統的につながるような授業展開に改めることにより課題解決（授業改善）の見通しを手に入れた。

　このように、指導過程上の課題を見極める、同僚教師の批評の中から課題解決に資する批評を選択する、選択した同僚教師の批評の文脈を課題解消に向けて転換・発展させる、改善指導過程の見通しを獲得する、という教師の学習過程が明らかになった。これは、先行研究で示された個々の指導過程論の中から適当なものを直接選択しつつ授業改善に資する指導過程を模索するというものではなく、あくまで自分の授業実践をベースに、その授業を実際に観察し授業の文脈を共有した同僚教師の批評を手がかりとしつつ、授業改善に資する指導過程を構築するというものである。つまり、既成理論の適用をベースとした、これまでの教師の授業改善の方向を、自分の授業実践の省察をベースに授業改善を図る方向へと、転換を示唆した研究結果が示されたこととなる。

　こうした、既成理論の適用ではなく授業省察をベースとした教師の学習過程を通して構築される国語科指導過程論がモデルとなることによって、理論の応用者である国語科教師たちは、授業実践上の課題が見極められず曖昧なまま、既成の脱文脈化・抽象化された指導過程論の習得と、その理

論の、実践への直接的過ぎる適用に振り回され、授業改善の見通しが立たないという問題状況に陥ることはなくなるはずである。

## 3.2 授業展開技術に関わる授業実践知の構築

### 3.2.1 問題の所在

　本節では、教職経験年数の異なる複数の高校国語科教師たちが、授業展開技術に関わる同僚教師の批評をどのような必然性のもとに、どう取り入れつつ研究授業経験を意味づけているのかを示すとともに、それぞれの教師によって異なる、研究授業の省察に関わる思考様式を相互に比較することによって、それぞれの思考様式の可能性と限界とを、教員研修のあり方という立場から考察する。なお、ここでは、いつどこの教室においても普遍的に有効な授業展開技術を脱文脈的に解明することを目指していないため、以下の事例は、それを読み実践を志す他の教師によって相対化されるための手がかりという位置づけにある。

　こうした、それぞれ異なるタイプの教師固有の思考様式を解明するという事例研究は、研究授業に取り組む他の教師たちにとって、次のような意義がある。まず、同じ教師という職にある他者の思考様式を参照することで、自身の授業を省察する際に参照可能な教師らしい思考様式についての指針を得ることができる。また、実践の文脈を豊かに描き出すことを重視する事例研究だからこそ、個別教師を取り巻く状況が明らかになり、普遍的に有効な技術が脱文脈的に提示される研究に比べて、他の教師と自分とでの教師としての経験の異同をふまえた熟考が促される。

　ところで、教師の知識・思考研究のうち、国語科領域での研究授業に関わった事例研究として、澤本・お茶の水国語研究会（1996）では、あるひとつの授業をめぐっての教師間での協議に基づく「リフレクション」の結果、「実践的な理論構築」がなされている。また、有沢（1997）は、「国語教師としての自己（主体）を点検し再建していく有力な試み」として「研究カンファレンス」に取り組んだ。また、国語科領域には限定されない研

究授業に関わる事例研究として、秋田（1998）は、「個人主義や協働性」とは異なる「同僚性」に注目し、「パラダイムの様式」ではなく「物語の様式」での同僚とのさまざまな省察が教師の成長と実践の創造に意義があることを示し、秋田（2006）は、教師の「専門知の協働構築モデル」に沿った教師の学習過程を示した。また、勝見（2008）は、実践者の教師の「鑑識眼」の変容（成長）ぶりを具体的に記述し、坂本・秋田（2008）は、教師が自身の授業の見方を問い直したり、問題に気づいたり、新たな視点を獲得したりするといった教師の学習の実態を明らかにした。さらに、秋田（2008）は、「授業検討会談話は、その場で生まれた鍵となる見方や語を互いに語りながら取り込み、実践の複雑性を見抜いて語る目と、創りたい授業へのヴィジョンを持って授業を創造する力量を、長期間にわたる実践の困難を通して、具体的に形成していく学習過程として機能している」と、中長期的な視点から研究授業の意義を考察している。

　これら、研究授業を対象とした先行研究は、いずれも授業が実践される実践の文脈に寄り添いつつ進められ、研究授業を意味づけた結果としての教師の知識と思考を概念化した。しかしながら、教職経験年数の異なる教師同士であれば当然異なるはずである、研究授業経験の意味づけの過程における思考様式を相互に比較しつつ、それぞれの思考様式の可能性と限界とを明らかにするという研究は未だ十分とは言えない。

　そこで、本節では、教職経験年数の異なる複数の教師の語りを記述・解釈し、授業批評会で同僚教師から提示された批評が授業者にとって持つ意味と、授業者がその意味を獲得する過程で働かせた思考様式とを、明らかにする。その際、授業実践場面において当該教師が選択運用した授業展開技術に注目し、その技術がそれぞれの教師によって意味づけられた必然性を中心に分析を進める。というのは、インタビューにおける語り手教師と聞き手である筆者との対話が授業展開技術のあり方をめぐって進行したからである。

　ここで取り上げる授業展開技術とは、学習者の学びを促すための教師の働きかけのことであるが、授業中における個々の学習指導場面で選択され

る断片的な技術ではなく、その授業そのものの全体的特徴を象徴する技術を意味する。

インタビューでは、国語科教材文をどう読ませるかという読みの技術と、学習者をどう行動させ授業をどうつくり上げるかという授業づくりに関わる技術が取り上げられた。しかし、これら、教材文の読みに関わる技術と、国語科「読むこと」の領域に限定されない一般的な授業づくりに関わる技術とについて、教師によって、重みづけ方も、意味づけの思考様式も異なったものとなった。ある教師（後述のK先生）は教材文を読む過程に関わる技術に焦点化して思考を展開し、その内容を修正するに至った。別の教師（後述のL先生）は、教材文の読みに関わる技術と授業づくりに関わる技術との間で葛藤していたため、それぞれの技術そのものの内容を修正するというよりも、技術を取り巻く状況を問うという方向で思考を展開させたのである。

### 3.2.2 調査の概要

直近の1年間に研究授業を行った、公立高校に勤務する2名の国語科教師を対象にインタビューを行い、過去の研究授業と授業批評会とを、現在の時点から意味づけていただいた。とりわけ、同僚教師からの批評をどう意味づけ、それが現在の実践にどうつながっているかを中心テーマとしながらインタビューを進行した。

《研究協力者》授業展開技術にこだわって課題発見と課題解消の見通しを語る2名の高校国語科教師（K先生・L先生）に協力いただいた。K先生は、東北地方公立高校に勤務し、教職経験5年程度である。現在の勤務校は、大学進学のみならず、多様な進路実現のための教育課程が編成されている。また、L先生は、九州地方公立高校に勤務し、教職経験が25年程度ある。現在の勤務校は、大学進学中心の教育課程が編成されている。先生は、現在の勤務校へ赴任する直近3年間、教育センター指導主事としての勤務経験がある。

《調査時期》平成20（2008）年8月中旬〜下旬

《調査の流れ》
(1) 過去に実践した研究授業の学習指導案、その授業で活用したワークシートなど、授業実践資料を事前に受け取り、インタビューにおける質問項目を検討した。
(2) 研究授業およびその批評会を中心テーマとするインタビューを行った。
(3) インタビューにおける各先生の語りについての記述と解釈を試みた。

《公開授業の概要》

K先生は、高校2年生を対象に、山口昌男「遊び」（桐原書店『展開現代文』所収）を教材とした研究授業（平成19年11月実施）を実践されている。評論文における筆者の主張を的確に読み取ることに重点を置いた授業であった。また、L先生は、高校1年生を対象に、芥川龍之介『羅生門』（教育出版『改訂版国語総合』所収）を教材とした研究授業（平成20年6月実施）を実践されている。教師の説明中心の展開になりがちな高校国語科授業が多い中で、学習者の主体的言語活動を引き出すことに重点を置いた授業を試みられた。

《インタビューの概要》

両先生のインタビューとも、半構造化インタビューとして実施し、筆者の質問事項は基本的に同じである。つまり、先生が語った内容のさらなる具体化を促すといった、その先生固有の語りの内容を発展させるような場面を除いて、共通の話題で進行した。インタビューは、大枠として、研究授業についての語りと、授業批評会についての語りとで構成された。

両先生のインタビューとも、研究授業で取り組まれた特徴的なことがらが、普段の授業との関わりにおいてどのように位置づくのかを語っていただくことから始めた。つまり、研究授業で試みられた特徴的な取り組みは何か、その取り組みを選択した意図は何か、そして、その取り組みは普段の授業でも行っているものなのかを、筆者は、問いかけたのである。

第3章　研究授業経験を通じて構築される国語科授業実践知の諸相

　その後、研究授業に対する同僚教師からの批評へと話題を移した。授業批評会で提示された数多くの批評を振り返ったとき、先生の授業づくりにとって、どの批評がなぜ印象的であったのかを意味づけていただいたのである。ここでの筆者の問いかけは、同僚教師の批評のうち、今後の授業づくりに向けて意義深い批評は何であったのか、そして、その批評は、今ふり返ってなぜ意義深いのかというものである。

## 3.2.3　分析結果
　以下の表記について、インタビュー・データの引用箇所は〈　〉、概念化した授業展開技術は【　】で表している。

### 3.2.3.1　K先生の事例
　授業批評会において提示された同僚教師の批評をふり返り、K先生が重点的に意味づけた授業展開技術は、【要約文】【空所付き要約文】（ともに国語科教材文を読む過程に関わる技術）であった。なお、その意味づけにおいて機能させた思考様式は、教材文を読む過程に関わる技術に重点を置きつつその技術を補強するという思考様式であった。

#### 3.2.3.1.1　公開授業での取り組みとその意味
　K先生は、研究授業で評論を読む授業を公開したが、普段の授業と変わらない、同じスタイルでの授業であった。先生は、評論を読む授業において、筆者の意見の読み取りを目標とする授業スタイルを一貫して保ちつつ、教材文を読み取らせる過程においては、さまざまな授業展開技術の試行錯誤を重ねている。

　　〈（研究授業で初めて試みたことは……筆者補足）ないですねえ。（中略）同じ学年をずっと結局持ち上がりで来ているので、ですので、結局自分の中では常に一貫した形でやっているので。はい、そういう意味では、あえてやらせたのは、たぶん、要約文を最終的に書かせるというのが、この教材使った時にやったことですけど、それ以外は基本的に

83

は1年の時にやった内容の続きでした。〉

　ただ、授業スタイルは一貫していても、文章読解後に【要約文】の作成活動を取り入れた点に、新たな授業展開技術の試みが見出される。先生が、この技術を、高校2年の秋季に採用するにあたっては、必然的状況があった。

　〈あの、結局、1年生の時から評論文というのは、評論というか論というのは、その筆者の意見を読み取れるか読み取れないかというのが、その読めたということだよって話をずっとしているので、2年生、あの、3年生の段階で、いろいろ小論文など取り組むであろう子どもたちがほとんどだとわかっていたので、2年の段階、数少ない、その、単元の中では、評論の中で、一度、まとめるという作業を、この時期にやらせてみようと思ったんですが、まあ、失敗しましたが、はい。(1年の段階で要約を取り入れなかったのは、……筆者補足) まだ、(教材文の……筆者補足) どこが大事かというのを見つけ出せる子と見つけ出せない子の差が大きかったので、まずは、その大事なところを見つける、(中略)(現在の学習者は……筆者補足) 1年生の時よりは、あの、1年生の最初の時は、大事なところにも線を引けなかった子たちが、だんだん引けるようになってきているので、じゃ今度はと思ったんですが、ちょっと文章(要約文を書く……筆者注)に行くまでは、まだ一足飛びだった。(中略)(評論における大事なところを見つける方法として、……筆者補足) 繰り返される言葉というの、もしくは繰り返される内容という部分に注目していくと、その中にヒントが出てくるよという形でやってきてます。(中略)(要約で目指したことは、……筆者補足) 大事なところを見つけ出した中から取捨選択できる、つまり何個か大事そうなのがある中で、じゃ、その中のどれを使ってまとめるのかという、それを見極められる力があることと、あとは、その、読み取ったことというか、その何かを自分で結局手を使って書く

第3章　研究授業経験を通じて構築される国語科授業実践知の諸相

ということの2点に重点を置いていた。〉

　K先生は、場当たり的に【要約文】の作成という授業展開技術を取り入れているわけではない。教室の学習者が、高校3年間というスパンの中で、段階的に、難解な評論の筆者の意見を読みきり、それをふまえて自分の意見を持つことができるようにと意図する中で、導き出された技術なのである。小論文作成（3年時の目標）においては、評論文の筆者の意見を読み取った上で個々の学習者は自分の意見を表現していく必要がある。そのためには、学習者が、自力で、論の展開上重要なキーワードを見出し（1年時の目標）、さらに、それら、キーワード相互の関係性を押さえつつ筆者の意見を自分の言葉で要約する（2年時の目標）という学習の過程が要求されるという。そうした段階的な学習のつながりを意識すると、高校2年秋季における【要約文】の作成という授業展開技術が意味を持ってくるのである。

### 3.2.3.1.2　同僚教師からの批評の意味づけ

　ただ、【要約文】の作成活動については、学びが停滞する学習者も多く、思うような成果をあげることができなかった。そこで、同僚教師からの批評を手がかりとして、K先生は新たな授業展開技術のレパートリーを増やす。K先生が新たに取り入れた技術は、文章の読解過程に、それ以前の実践では採用してこなかった、【空所付き要約文】の作成を取り混ぜるというものであった。【空所付き要約文】とは、予め教師が作成した要約文の一部をブランクにしたもので、主として、要旨に直結するキーワード相当部分がブランクにされている。

　　〈（同僚教師からの指摘の中で……筆者補足）一番大きかったのは、そ
　　の、穴埋め式です。要約文を書かせるときに、穴埋め式で、あの、同
　　じ学校の先生だったんですが、（中略）その1個上の学年で、その、
　　（K先生と……筆者補足）同じようなクラスを担当していた先生が、
　　穴埋め形式というやり方も使っているんだとおっしゃっていたので、

子どもたちの方がかなり消化不良を起こしているのを見て取れたので、ちょっと穴埋め形式の形を、すぐに取り入れて。〉

【空所付き要約文】を授業展開に取り入れることによって、それまで理解の困難だった教材文の意味が理解できるようになる、教材文に繰り返し向き合うようになるなど、学習者の学びに変化が現れる。空所の含まれる要約文が教材文の趣旨を読み取るためのガイドとなり、まずは、教材文全体の趣旨を大きくとらえることができ、その全体の輪郭をもとに、各部分の詳細な読解ができるようになったという。さらに、要約文の作成から空所付き要約文の完成へと学習課題のハードルが下がることによって、学習者にとって達成が困難であった課題が努力によって達成可能な課題に変わり、教材文を繰り返し読み込もうとする学習者が増えたそうである。

〈結局は、この文章、筆者が何を言いたかったかというのを、たぶん最終的にまで読めない子は、いたと思うんですね。その中では、穴埋め形式でもまとめることで、この段落というか、このまとまった、（中略）大きなまとまりの中で、どうやらこういうことを言いたかったらしいんだというの（全体の輪郭……筆者注）が、そこからわかって、逆にまた（読解……筆者補足）問題（部分の読解……筆者注）に戻ったときに、あ、こんなこと、そういえばそうだったのかと、わかった子は少し増えたかと思います。〉

〈あの、最初、手も足も出ない子が、穴埋めになったら、何とかもう1回教科書とノートを見直して、探すんですね。ここの場所のつながりからいくと、何が入るのかと、一生懸命探すことによって、もう1回ノートと教科書を何度も何度も見直して（いる学習者の姿が……筆者補足）見えているので、あっ、そういう勉強法も難しいときは有効だなと思いました。〉

第3章　研究授業経験を通じて構築される国語科授業実践知の諸相

　先生は、高校2年の評論を読む授業では、筆者の意見をわかるとともに高校3年での小論文学習へつないでいくために【要約文】の作成が重要だと考えていた。ところが、現実の教室では、自力では筆者の意見を読みきれない学習者や、教材文と向き合う意欲が継続しない学習者を多く抱え、【要約文】の表現活動がままならない状況であった。そうした教室状況の中では、学習者の文章理解を促すことと、その前提として学習者が教材文に向き合う姿勢を確立することとが必要不可欠であった。同僚教師によって指摘された【空所付き要約文】という授業展開技術は、こうした課題を解決するための技術としての意味があったのである。

　同僚教師は、K先生の授業を参観し、学びが停滞しがちな学習者の姿を目の当たりにしたため、学習者に教材文の意味理解を促す技術として【空所付き要約文】を、当該授業に限定した形で提案しただけの意図だったかもしれない。

　ところが、K先生は、この研究授業だけを見つめて、【空所付き要約文】を意味づけたわけではない。同僚教師によって指摘された【空所付き要約文】という技術は、3年間のスパンで段階的に計画されている、論理的な文章を読み自分の意見を表現するという、先生自身の国語科授業実践全体の見通しの中に位置づけられてはじめて意味を持つのである。3年間の学びの流れを見通して日々の授業実践に取り組んでいる先生にとって、この技術は、自力では難解な評論を読みこなすことのできない学習者の読む力の段階的育成を図っていくための1過程を構成する技術としての意味を持っていたのである。【空所付き要約文】は、高校3年間という学びの流れの中での2年後半という時期に達成しておくべき課題を明確に意識し、教室の学習者がその時点で到達できている（あるいは、できていない）学びの程度を見極めるという、K先生の実践的判断に裏打ちされた技術である。つまり、学習者が【空所付き要約文】を完成させることができればそれでよいというものではなく、それ以前（高校1年時）とそれ以降（高校3年時）の学習に接続させるという実践の文脈の中に位置づけられてはじめて【空所付き要約文】という技術が意味を持ってくるのである。

つまり、K先生にとって、同僚教師から指摘された【空所付き要約文】という技術は、難解な評論を読めなかった学習者が読みきれるようになるための普遍的な技術として意味づけられたのでもないし、先生が既有する授業スタイルに変更を迫るようなものでもなかった。3年間の実践の流れの中で計画された、評論を読みきり自分の意見を表現するという学習目標を達成するための1過程1段階をなす技術として意味づけられ、それは、先生が既有する【要約文】という、教材文を読む過程に関わる技術を補強するものであったと考えられる。

### 3.2.3.2　L先生の事例

　授業批評会において提示された同僚教師の批評をふり返り、L先生が重点的に意味づけた授業展開技術は、【対面型机配置】（国語科に限定されない授業づくり一般に関わる技術）および【教材解釈の追究】（国語科教材文の読みに関わる技術）であった。なお、その意味づけにおいて機能させた思考様式は、授業づくり技術と教材文の読みに関する技術との間で葛藤し、それぞれの技術の意義を問い直すという思考様式であった。

#### 3.2.3.2.1　公開授業での取り組みとその意味

　L先生は、研究授業で小説を読む授業を公開したが、教材文そのものの読みよりもむしろ、学習者の主体的言語活動に重点を置いた授業を実践した。先生自身、本来は、教材文が持つ価値でもって学習者の内発的学びを引き出したいと考えていたが、それがままならない現実の中で、現象面での学習者の活動を引き出す環境づくりに重点を置いたのである。

　　〈（公開授業で重点を置いたのは、……筆者補足）純粋に、その、『羅生門』の国語の授業の中の読解力を高めたいとかいう部分以外のところが、実は、大きかったというのは事実なんですね。ただ、やはり授業の中に、（学習者主体の……筆者補足）活動を、やっぱり入れていきたいし、入れなきゃいけないというところが、やっぱり一番意識したところではあります。（中略）意識的意図的に、活動を組み入れたいな

と。生徒が主体的に学ぶって現実的に、どういうことなんだろう、また、どういうところでできるんだろうっていう、なんかそういうところに意識が向いた〉

〈(学習者の活動中心の授業のために……筆者補足)一番大きいのは、コの字型の、机配置にしたというのは、これはもう、全く意図的に（中略）1対40の座席しか、(同僚の……筆者補足)先生方ご覧になったことないので、(中略)自分が真ん中に立って、コの字型の、(中略)(学習者の……筆者補足)反応はよかったですね。(中略)(学習者が互いに……筆者補足)目を見ながら話を聞けるという、そういう新しい発見はありました。(中略)(学習者の……筆者補足)目の輝きとか、一生懸命考えようというのは、確かに高まるなと思いました。〉

こうした、教室の机配置を学習者同士が対面できる形に変更し、学習者の話す聞く主体的言語活動中心の授業を構想するに至った必然的背景として、教育センターでの勤務経験が影響している。先生は、指導主事として多種多様な教室の授業を視察する中で、学習者が学ぶ意欲を持てず思考も活性化されないまま展開する高校の授業と、教師による説明よりも学習者の活動を引き出すことに工夫を凝らす小・中学校の先生の授業の対照性に影響を受ける。高校国語科授業における学習意欲の低下を課題視していた先生にとって、学習者が主体的に活動する小・中学校の授業との出会いは印象的であった。

〈県下のトップ校であったり、大学入試というものが価値を持っていた時だったら、(中略)ただ(教師が……筆者補足)話しただけでも一生懸命、何か取り組んできた生徒がですね、なかなかやっぱり、そう一筋縄にはいかない時代になってきたなという実感ですね。(中略)3年間の、そのセンター勤務でいろんな学校行くと、もう本当に意欲がない、(中略)そういう生徒さんたちをたくさん見てきました。(中

89

略）やっぱり、（学習者が……筆者補足）主体的にということを考えたときに、何か、やらされているとか、じゃなくて、自分でやるんだというふうにできないかな。特に、センターにいたら、小・中の先生とお付き合いすることが多いんですね。そうすると、小学校・中学校の先生は、もう、そこ（学習者の主体的学び……筆者注）が徹底しててですね。高校は、そういう意識は全くないわけですよ。生徒は勉強したいから高校に来ている（と、先生方は考えている……筆者補足）わけで、全員に、こう、教えるという意識というか、主体性をこう高めようとか、そういう意識がなかったんですよね。〉

そこで、教材文の読みを教師が解説するのではなく、学習者が主体的に活動することを重視したタイプの授業が、高校現場になじむものであるかどうかを同僚教師に評価してもらうことをねらって研究授業に取り組んだのである。

〈（現在の勤務校に赴任して……筆者補足）初年度ということもありますし、まだ、生徒の実態を十分、つかめているんだろうか、生徒のニーズに応えるような授業ができているんだろうかというところもありましたので、（中略）他の先生にも見ていただきながら、自分の授業のやり方と、学校の目指すニーズとが、かみ合っているかどうかを他の先生にチェックしていただいて、ご意見もほしいなあ（と思って研究授業に取り組みました……筆者補足）。〉

このように、L先生は、学習意欲の乏しい高校生とは対照的な小・中学生の意欲的に活動する姿に刺激を受け、教材文の読みではなく、いかに学習者の主体的活動を引き出すかという学習環境づくりの方に、重点をおいた授業を試みたのである。

### 3.2.3.2.2　同僚教師からの批評の意味づけ

公開授業後の授業批評会では、学習者の主体的言語活動を重視する【対

面型机配置】の成果を承認する批評と、【教材解釈の追究】の物足りなさを課題として指摘する批評とが示された。当初、L先生が注目し意味を見出したのは、【教材解釈の追究】に関わる批評であった。教材文のことばの背後に潜む意味を追究したり、作者に関する情報を教材文の読みに生かそうとしたりすることによって、教師自身が教材文にこだわり教材文を深く読むことの重要性を認識したのであった。

> 〈(今後の授業の参考になる批評として、……筆者補足)僕自身が、何か3年間（指導主事として……筆者補足）、（中略）ハウツー的なものを扱ってきたので、意識がそっちに向いていたんですけども、現場に帰ってきたら、やはり、現場の先生方は、芥川は、この「羅生門」という小説を、書いた意図とかですね、（中略）自分の思い通りに、こう、生きていけない、その、人間の中で、こんだけこう、ストレートに痛快に自分のエゴで動いていく痛快さとか、何かそういうこととかもあったんじゃないのとか、作品とか作者の中に入っていく、その部分ですね、教材、そのあたりの大切さというのをもう1回考えさせられたんですよね。（中略）実際、生徒から、後で評価をもらった中にも、もっと深いところが聞きたかったんだというのもあったんです。（中略）だから、自分自身、芥川の研究とか、教材の研究とか、やっぱり深くするとともに、くだいて授業するという両方求められるということの、何かつらさというか、深さというか、まあ、そういうことをいただいた。（同僚教師たちの……筆者補足）ご意見からですね、何かちょっと考えてるんですけど。〉

ところが、先生は、その後の語りの中で、別の同僚教師の批評を思い起こし、【対面型机配置】の授業の成果も自覚し、今後の授業実践に生かそうと考える。つまり、単純に、二項対立的に、【対面型机配置】による学習者の主体的言語活動を引き出す環境づくりよりも、【教材解釈の追究】の方が重要だという認識を持ったのではない。

〈他の参観者に指摘していただいたんですけど、生徒は、教室で友達の発言を聞くとか、発言するという時は教師しか見てないわけだから、生徒の顔を見ながら、友達の発言を聞くという場面はないなあというのをご意見いただいて、あっ、そうだなあと思ったんですよ。だから、その意見聞けただけでも、何か、（研究授業を……筆者補足）してみた甲斐があったなあと思ったんですよ。〉

〈私としてはやっぱり、（学習者による主体的言語……筆者補足）活動は、授業の中には必ず、単元の中には１つの作品、教材の中では１回は必ず入れていきたいなあと。〉

その後、先生は、学習者の主体的言語活動中心の授業が展開できたことを評価する一方、そうした学習者の主体的な言語活動だけを考えていたのでは、国語の授業の質が担保できないことに思い至る。そうした葛藤を経て、【対面型机配置】か【教材解釈の追究】かといった二項対立では割り切れない、状況を見極めた柔軟性のある授業づくりの重要性を自覚する。

〈まあ、毎回はとてもですね、現実的ではないなあというのも感じているんですね、（中略）なかなかあんまり、活動活動と言い過ぎると今度は、進度が遅れたり、授業にまとまりがなくなったり、してくるなあとも。〉

〈（【対面型机配置】の授業の成果は認められるが、……筆者補足）ただ、それを毎回してたら、きっと同じかもしれません。だから、授業の目的とか、１年間の流れの中で、やっぱり、いろんな形態を考えていきながら、教材にふさわしいものとか考えていきながら、工夫し続けないと、〉

Ｌ先生の授業を参観したある同僚教師は、学習者が互いに向き合い言葉

を交し合う姿に感銘を受け、その成果を承認し、別の同僚教師は、教科専門性が求められる高校の授業として、教材解釈の追究の物足りなさを課題として、それぞれ思いつくままに提示しただけかもしれない。しかしながら、L先生は、そうした同僚教師による2種類（成果承認と課題提示）の異なる批評を、断片的ではなく総合的に省察し、中長期的なスパンの中で実践を見つめ直していくことによって、【対面型机配置】による学習者の主体的言語活動を重視すべきか、【教材解釈の追究】による教科専門性を重視すべきかについて断定的な結論を下すことができないようになったのである。

　つまり、同僚教師による批評は、学習者主体の授業をどう創るか、教材文をどう深く読み取らせるか、いずれを選択すべきかで葛藤していたL先生に対して、年間学習指導計画における当該授業の位置・目標や教材文の特質との絡みといった状況への洞察がなければそれぞれの授業展開技術の有効性は確定できないという結論を導き出させたのである。授業づくり一般に関わる技術と教材文の読みに関する技術とを、それぞれの技術の内容だけに注目して運用していたこれまでの捉え方を揺さぶるとともに、各々の授業が置かれる状況を把握し、その状況にふさわしい授業展開技術でもって授業を構想・実践していくしかないという、フレキシブルな技術運用のあり方を自覚したと考えられる。ある授業展開技術は、あらゆる授業に効果を発揮するのではなく、教師による的確な状況判断があるからこそ、その有効性が生み出されるものであるという、そういう意味での普遍的な原理を獲得したのである。【対面型机配置】、【教材解釈の追究】という2つの授業展開技術への問い直しを契機として、授業の構想・実践においては、どんな技術を選択・適用するのかということよりもむしろ、教材文の特質や年間学習指導計画がどうなっているからどの技術が有効なのかといった、実践の状況を問うことの重要性をL先生は認識したと考えられる。

### 3.2.4　考察—授業展開技術をめぐる思考様式の可能性と限界

　ここで事例として取り上げた国語科教師たちは、それぞれ、授業展開技術をめぐって、同僚教師の批評の一部を取り立てつつ自身の研究授業経験を意味づけた。インタビューにおいてテーマとなった授業展開技術は、教材文の読みに関わる技術と、そうした読む領域に限定されない授業づくり一般に関わる技術であった。そして、この２種類の技術をどのように重みづけするかによって、研究授業そのものを意味づける過程における思考様式は対照的なものとなった。

　K先生の場合、筆者の意見の読み取りに重点を置くという普段の授業スタイルを変更することなく授業実践に臨んだため、L先生のように２つの技術の間で揺れることはなかった。しかしながら、学習者が教材文に向き合う姿を見極める中で、教材文の読みに関わる技術については、既有のものでは十分な学びを引き出せないことに思い至った。そのような中で、【要約文】を書かせるという既有の技術そのものは維持しつつも、停滞しがちな学習者の学びを引き出すべく、同僚教師の批評を基に、【要約文】を書かせるという技術を【空所付き要約文】を完成させるという形に修正・補強したのである。

　K先生が、複数の技術の間で揺さぶられることがなかったのは、評論の読みの授業づくりについて確固たる思いを持っていたという背景がある。K先生は、３年間というスパンで、評論を読む授業を構想しており、学習者が、筆者の意見を読み取るだけにとどまらず、その読む力を、小論文を書く力につなげたいという思いを持っていた。そうした、３年間にわたる自身の国語科授業実践の見通しの中に今回の研究授業を位置づけたからこそ、種類の異なる複数の技術の間で揺さぶられることなく、教材文の読みに関わる既有の技術の不備を指摘する同僚教師の批評に意味を見出し、これまでの技術を修正・補強する新たな技術をレパートリーに付加したのである。

　一方、L先生は、【対面型机配置】により学習者の主体的な言語活動を重視すべきか、あるいはそれよりも【教材解釈の追究】によって教材を読

み深めることを重視すべきかといった、授業スタイルに確信が持てない状況で研究授業に臨んだ。先生は、学習者が教材文に意欲的に向き合う環境づくりをしたいという意図から、学習者同士が対面しながら主体的に言語活動する授業を組織した。しかし一方、教科専門性の求められる高校教育では、学習者の活動だけでは到達できない教材文の深みに教師の専門的な説明言により到達させることの重要性をも先生は認識していた。活動重視でよいのか、教科専門性の追究も重要ではないのかといった、不安定な思いに基づく研究授業であったからこそ、まず、研究授業において選択した技術（【対面型机配置】）を揺さぶる同僚教師の批評に意味を見出したのである。ところが、省察を続けていく中で、【対面型机配置】を評価する批評を思い起こす。そして、学習者の主体的言語活動重視か教科専門性追究かといったそれぞれの授業展開技術そのものだけを問うのではなく、そうした技術を取り巻く状況を問うことの重要性に思い至り、教材文の特質や年間学習指導計画と絡めて授業展開技術の必然性を問い直すことが重要であるという知見を獲得した。

このように、教員研修としての研究授業を経験した国語科教師は、その経験の省察を通じて、研究授業がもたらす意味を、それぞれに異なる思考様式によって構築する。そして、これらの思考様式を相互に比較すると、教員研修における、それぞれの思考様式の可能性と限界が浮き彫りになる。

K先生のように、複数の技術の間で揺さぶられることなく、既有する技術を維持・補強してくれるような同僚教師の批評に意味を見出すという思考様式は、外在する種々の理論に振り回されて自分らしい授業スタイルが確立できていない、比較的経験の未熟な教師にとっては、有効な思考様式のモデルとなろう。自分らしい技術のあり方を同僚教師の批評を受容しながら修正することができるからである。しかし、このタイプの思考様式は既有の技術の絶対化につながるおそれがあるため、課題もある。既有の技術が過度に絶対化されると、教室の状況をその技術に合致するように歪曲してしまったり、その技術以外の技術によってでなければ学べないことが

らが切り捨てられてしまったりするというおそれがある。そうなると、学習者の学びに寄り添った、計画的系統的な授業づくりが阻害されてしまうという可能性も生じる。

　また、L先生のように、複数の技術の間で揺さぶられ、既有の技術そのものを問い直させてくれるような同僚教師の批評に意味を見出すという思考様式は、技術が相対化されるため、状況（年間指導計画・教材文の特質など）を問いながら、学習者の学びに寄り添った授業を常に創り続けようとする柔軟な思考様式を獲得できる。しかし、状況を問うという思考様式を獲得するだけでは不十分である。ある技術がどのような状況の中で有効に機能するのか、あるいは、どのように修正すれば不十分な技術が有効に機能するようになるのかという、技術の適用可能な状況を限定したり、技術を状況の中で生かすべく修正したりする思考様式が付加されなければならない。さらには、同僚教師が、なぜ自身の技術を相対化する批評をするのかといった、同僚教師の置かれた文脈を具体的に推察しながら、自身の文脈と同僚教師の文脈を統合させた、より大きな文脈のもとで授業展開技術のあり方を省察することも必要であろう。

　ここでは、同僚教師の批評を既有の授業展開技術の維持・補強につなげる思考様式、および、同僚教師の批評によって既有の授業展開技術を問い直し技術を取り巻く状況を問うという思考様式を、それぞれ提示するとともに、それぞれの思考様式の可能性と限界を指摘した。これらの事例を読みこれから研究授業に取り組む他の国語科教師たちは、それぞれの思考様式が持つ可能性と限界を認識することによって、自身の思考を深化拡充する可能性と陥りやすい陥穽とをそれぞれ自覚しながら、研究授業経験を省察していくことが望まれる。

## 3.3　学習目標と発問構成との連関に関わる授業実践知の構築

### 3.3.1　問題の所在

　ここでは、研究授業を経験した高校国語科教師が、授業批評会で提示さ

第3章　研究授業経験を通じて構築される国語科授業実践知の諸相

れた同僚教師たちの批評をどのように意味づけながら、学習目標と目標実現のための発問行為との連関を意識化するに至ったのかというプロセスを解明する。

　分析は、インタビューにおける教師の語りを対象に進める。インタビューアーである筆者は、授業批評会での同僚教師による批評を生かしつつ、授業者教師の授業づくりの特質が浮き彫りとなるようにインタビューを進めた。

　ところで、近年、研究授業における授業批評会の存在がクローズアップされている。授業批評会とは、公開された授業について、同僚教師とともに協議を重ね、授業改善のための授業実践知を協同構築していくことを目指す場である。こうした、教師が、同僚教師と協同して授業実践知を構築・共有する取り組みが報告される中で、その意義も実証的に考察されている（秋田：1998）。ただし、こうした先行研究で示された授業批評会は、その組織化が入念になされている。

　しかしながら、こうした念入りに組織化された授業批評会は、一般的な多くの学校（特に高校など）ではなかなか実現できていない。多忙を極める学校現場の実状として、授業の公開と授業批評会は実施するが、その組織化まで入念に行うことは困難な状況にある。その結果として、授業批評会を介した授業実践知の協同構築がままならないという結果に陥る。もちろん、授業者自身にとって、授業を公開し同僚教師から批評を受けるという取り組みは、教職経験上、大きな効果がある。ただし、その効果は、限定的で、その教師が、授業の勘、コツをつかむといった暗黙知のレベルにとどまる可能性がある。特に、研究上の成果として、授業実践知を概念化し、他の教師に継承し共有を図るというところまではなかなか到達できない。筆者が参観させていただいた、多くの高校での授業批評会では、どの教師も意欲的に発言をしていた。しかし、そこに参加した同僚教師がそれぞれの経験に基づき、思いつくままの批評を断片的にし合うだけにとどまるといったレベルを超えることはできていなかった。その結果、授業者が同僚教師からなされた批評をふり返ってみても、「こんなことを言われ

た、あんなことも言われた」といった、断片的な内容しか想起することができず、総合性複合性を特徴とする授業実践知の概念化までは成し遂げられない。

　そうであるならば、研究者が授業公開および授業批評会に立ち会うとともに、インタビューを通じて、授業実践知の協同構築を図ることにこそ、他の教師が継承・共有できる授業実践知の概念化の今後の可能性が見出されるのではないだろうか。

### 3.3.2　調査の概要

　ここでは、教職経験20年を超える熟練教師が保有する授業実践知を解明する。調査は、授業および授業批評会の観察と、インタビュー調査とによった。

《研究協力者》中国地方の公立高校（大学進学を中心とした教育課程編成校）に勤務する国語科教師N先生に協力いただいた。N先生は、授業実践に関わる優秀教員として文部科学省などから表彰された経験を持ち、指導教諭として、勤務校での業務のみならず、勤務校以外の学校における研究授業の指導助言を数多く経験しておられる。N先生を取り上げる理由として、授業実践に関わる優秀教員であることは、その授業実践知が概念化・可視化されることにより、他の教師がその卓越性に触れることができる。他の教師は、その卓越性をそのまま自身の実践に適用することはできないとしても、その卓越性を参照することで授業改善のための手がかりを得ることができる。また、指導助言者として勤務校以外の学校も含めて多くの研究授業に関わる経験を持っているため、研究授業に参加した同僚教師の個々の批評を、断片的ではなく総合的大局的に意味づけることができる。以上、2つの理由から、N先生は事例として取り上げる意義があると言える。

《調査時期》
　　第1次調査　平成21（2009）年2月（インタビュー）
　　第2次調査　平成21（2009）年11月上旬（授業および批評会観察）

第3章　研究授業経験を通じて構築される国語科授業実践知の諸相

平成21（2009）年11月下旬（インタビュー）

《調査の流れ》
(1)　過去に実践した授業記録を参照しながらＮ先生の授業づくりの特徴について１時間程度のインタビューを実施した。
(2)　Ｎ先生の公開授業（約50分）および授業批評会（約60分）を観察した。
(3)　公開授業・授業批評会をテーマとするインタビュー（約30分）を実施した。
(4)　インタビュー・データを文字化し分析のための資料とした。

《公開授業の概要》高校２年古典（漢文・教材：司馬遷『史記』「鴻門之会・樊噲、頭髪上指す」第一学習社『改訂版高等学校古典漢文編』所収）の授業を公開された。授業の内容は、大きく２つに分かれる。前半は、内容理解に基づいた音読ができているかをペア活動により相互評価させる活動であった。後半は、項王を説き伏せてしまう、樊噲の説得法の巧みさを、教師の発問を軸に学習者の主体的思考を促し、教室全体で理解の共有を図るというものであった。

《授業批評会の概要》授業後に実施された授業批評会は、ある特定のテーマをめぐって議論を深めるというよりも、参加者教師が個々の実践経験に基づいた意見を断片的に交流するというものであった。批評会で話題となったのは、学習者の指名法、評価法、音読のあり方などである。その中でＮ先生が取り立てて意味づけたのは、後述するように、学習者の指名法に関わる批評であった。

《インタビューの概要》インタビューは、半構造化インタビューとして実施し、Ｎ先生が、授業批評会での同僚教師による数多くの批評のうち、どの批評をどんな理由で取り立てたのか、そして、その批評を手がかりに自身の授業をどう意味づけたのかを、それぞれ明らかにすることを目指して進めた。

### 3.3.3 分析結果

　ここでは、N先生の語りを直接の分析対象としつつも、N先生の語りだけでなく、その語りを引き出すに至った文脈（インタビュアーの問いかけ・N先生による公開授業・授業批評会での同僚教師からの批評など）をもふまえた解釈をしている。

　インタビューは、授業批評会での同僚教師からの批評を想起することから開始した。ところが、N先生は批評会当日になされた同僚教師の批評が想起できず、授業批評会そのもののあり方に話題が転換する。その後、ある同僚教師の批評を思いつき、その批評を手がかりとして、学習目標と発問構成の連関をテーマとする語りへ展開した。

　以下の記述において、【　】は本節での鍵概念、〈　〉はインタビュー・データからの直接引用部分であることを、それぞれ示す。また、インタビュー・データ引用部分における下線は筆者によるものである。

### 3.3.3.1　授業批評会そのものの意味づけ

　そもそも、N先生は、授業改善のための教員研修（教師の学習）の場として、授業批評会の現状をあまり高く評価していない。このことは、以下のようなやり取りから推察される。まず、インタビュー冒頭で、筆者は、授業批評会における同僚教師の批評の中で印象に残っている発言は何ですか、という趣旨の問いかけをした。それに対して、N先生は次のように語る。

　　〈N先生：印象に残っている？えーー。（戸惑いを隠しきれない様子……筆者注）〉
　　〈筆者：思いつきでいいんです。深く考えなくても。〉
　　〈N先生：研究協議（授業批評会のこと……筆者注）自体を思い出さないといけないですね。えー。研究協議の中身を、記録をまだもらってなくって。<u>思い出せないってことは、そこまでないってことですよね。多分。</u>〉

第３章　研究授業経験を通じて構築される国語科授業実践知の諸相

　Ｎ先生は、過日の授業批評会そのものを想起することに戸惑いを隠しきれない様子であった。したがって、授業批評会を手がかりとした授業実践知の構築は、ただ単に授業批評会を経験するだけでは困難であることがわかる。授業を公開し批評会を経験したというだけでは、そこでの概括的な記憶は残るであろうが、そこでの同僚教師とのやり取りを自身の授業実践知構築につなげていくという思考は展開されないであろう。

　また、インタビュー後半部分でも、Ｎ先生は、各学校で実施されている授業批評会に疑問を投げかける。Ｎ先生は、指導教諭として、数多く、他校の研究授業の指導助言に関与しておられる。そのことをふまえて、筆者は、他校で行われている授業批評会にも言及しつつ、授業批評会の意義と可能性について、Ｎ先生に語っていただいた。

　　〈筆者：先生が、指導助言に、出向いたり、あるいは、校内で研究授業をされたりする中で、（中略）今、先生が考えられる、その理想的な研究協議の場というのは、どうあるべきだと思われますか。〉
　　〈Ｎ先生：研究協議の場ですかー？（答えに詰まる様子……筆者注）〉
　　〈筆者：授業を公開するというだけでなく、その後に研究協議をしますよね。で、研究協議が、より理想的な場、先生同士が学び合うような、そういう場にするためには、どのような研究協議というのが理想だとお考えでしょうかねえ。〉
　　〈Ｎ先生：あのー、んー、私が（公開授業を……筆者補足）すると、どうしてもみなさんが、参考になったというようなことを言われるんですけど、自分としては、もういっぱい課題があって、この間の（先日の公開授業……筆者注）もうまくいったと思っていないので、んー、まあ例えば、ＨＭ先生が自分の経験などを語られて、こういうことがあったんだけど、こういうときにはどうしたらいいんだろうとかっていう、まあ、課題が出てきて、それを、まあ、みんながいろいろな方法で、こうやってみたとか、ああやってみたとか、いうふうに意見が出てくると、私も参考になる、ですね。授業といっしょですよね、１

101

対 1 のやりとり（授業者と発言者の同僚教師だけの交流……筆者注）ではあんまり深まらないと思うんですよ。だから、そこに出てきた問題で、最近はなかなか時間がないのでできないんですけど、討議の柱のようなものが出てきて、それについてもう一歩深められるようなのが、いいんじゃないかと思います。私は、はい。〉
〈筆者：先生が他校に、いろいろ助言等で行かれている現状を見ると、そういう研究協議をされている所は必ずしも多くないという。〉
〈N先生：ないですね。（後略）〉

〈私がすると、どうしてもみなさんが、参考になったというようなことを言われる〉だけで、そうした〈1対1のやりとりではあんまり深まらないと思う〉というのがN先生の授業批評会に関する現状認識である。授業批評会という場そのものだけでは、授業実践知を概念化したり深めたりすることができていないというのである。授業批評会の場で、同僚教師が意見を述べ合う中から課題としての〈討議の柱〉が示され、それについて同僚教師とともに討議を深め合うという授業批評会のあるべき姿が示され、そこに授業批評会の今後のあり方をうかがい知ることはできるが、現状の授業批評会ではままならないというのである。N先生がインタビューの中で想起し語った同僚教師の批評は、数多くの批評のうちの1つ（HN先生の批評）に過ぎず、このことからも授業批評会が形骸化していたと言える。

したがって、N先生による今回の取り組みが、仮に、授業公開と授業批評会のみにとどまるならば、N先生自身にとっては良い経験になったであろうが、N先生の優れた授業実践知は、概念化されないままにとどまってしまう可能性が高い。そこで、授業批評会という経験をより意味ある経験に高めていくために、授業批評会での出来事を積極的に意味づけられるような状況を設定することが求められる。たとえば、授業批評会を手がかりとしたインタビュー、換言すれば、インタビュアーが実践者教師の語りを促すことによって、両者で授業実践知を協同構築することなどに可能性が見出されると考える。

第3章　研究授業経験を通じて構築される国語科授業実践知の諸相

### 3.3.3.2　インタビューを介して構築された授業実践知

　N先生の授業実践知は、公開授業とその批評会とをテーマとした、筆者を聞き手とするインタビューを通じて構築された。換言すれば、N先生の授業実践知は、授業公開と授業批評会という一般的な教員研修をこなしたからだけではなく、授業公開と授業批評会に関わる経験を、インタビュアーに促されつつ、N先生自身が主体的に意味づけ、一貫性ある物語を構築したからこそ概念化され得たものである。したがって、教師の授業実践知の概念化については、授業批評会が念入りに組織化されていない場合、インタビュアーを介在させつつ授業者教師が経験の語りを構築できるような環境を設定することが重要である。

　インタビューの結果、N先生の授業実践知は、教師として教え学ばせたい学習目標が中核に据えられ、その目標に学習者が主体的であることによって到達するべく、発問がその媒介として機能するという構造になっている。このことについて、インタビュー・データに基づきながら記述・解釈を試みる。

#### 3.3.3.2.1　授業実践知の外枠

　N先生の授業実践知は、学習者の主体的活動（思考・発言）が教師によって組織されること、を外枠（基盤）として構成されている。つまり、さまざまな個性や習熟度の【全学習者が主体的である状況を作る】ことが、先生の授業にとっての本質的条件なのである。

　先述したとおり、現状の授業批評会の意義を評価していないN先生は、授業批評会における意味ある出来事（同僚教師の批評）を想起するのに苦慮する。そうした中で、授業批評会で提示された種々の批評の中から、ある同僚教師（HN先生）の批評（「発問して誰に答えさせるか、たとえば、挙手した生徒なのか、について先生のテクニックがあれば教えてほしい。」）を取り上げ、その批評を手がかりとしつつ先生自身にとっての授業実践の本質的条件を明確にした。この、学習者を指名する際の方法について質問した同僚教師HN先生の批評は、N先生が普段から意識している授業実践の本質的条件に敷衍できる批評だったのである。しかし、授業批評会そのもの

の意義をあまり認めていないN先生は、授業批評会で協議された内容そのものを授業実践知とはしない。授業批評会でのやりとりを取り上げつつも、それは省察のきっかけとするにとどめ、先生自身による省察の結果として意味づけたものが授業実践知となるのである。

〈N先生：（授業批評会での同僚教師の批評の想起に相当苦慮した後……筆者補足）えっとあれ。あのー。あの、発表、HN先生が聞かれたと思うんですけど、えっと、発表を、その、させる時に、（中略）何か、当て方について質問されたと思うんですよね。どういう生徒に当てるのかというので、で、私は、それは、その、こちらから見ていればわかるので、というふうに答えたと思うんですね。それで、あの、実際、（学習者全員を……筆者補足）こちらを向かせないと、あの、下を向いている者は、まず、その、まず答えられない。大体、聞いていないとか、授業に入り込んでいない、あるいは、心理的に拒否しているとか、そういうことがあるので、その、まずは、やっぱり、こっちを向かせるということが大事という話をしたと思うんですよ。あそこの部分ですかね。一番最初に思い浮かぶのは。〉

〈筆者：（前略）で、それにちょっと関連して、次の質問なんですけど、その、HN先生の発言が、なぜ先生にとっては印象に残るんでしょうかね。〉

〈N先生：それはですね。私自身の中に課題として、私はまあ発言をすごく重視して、発表しなさいというふうに言うんですけど、どうしても、そうすると、できる子だけの授業になってしまうこと、それは課題だと思っているんですよね。で、なるべく、様子を見ながら、手は挙げられないけれども、言いたそうな子とか、そういうのを見つけて、当てるようにはしてるんですけど、（中略）どうしても発表しない子とする子ができてしまうんです。で、もちろん、発表する子にだけ当てていけば、授業はどんどこ進むんですけど、でもそれだと、できる子だけで、できない子をおいてきぼりにするので、そこをどうい

第3章　研究授業経験を通じて構築される国語科授業実践知の諸相

うふうにするかというのが、自分の中でも課題だと思っているので、ま、そこが気になるんだと思いますね、自分としても。自分でも、やっぱり、そこ、発表も促すし、みんなが発表してくれればいいんですけど、じゃ、そうするにはどうするかとか、あるいは、どうしても発表できない子に、何か、こう、発表の機会を与えるにはどうするかというのが、自分としても、いつも課題に思っているので、それが気になるんだと思います。〉

〈筆者：で、そのような課題というのは、これまでの経験の中で、どうして大きく、先生の中で、大きな課題として認識されるようになったんですかね。〉

〈N先生：んー。〉

〈筆者：突然。この高校（現在の勤務校……筆者注）で、この1カ月というわけではないですよね。〉

〈N先生：それはないです。はい。それは、もう、何というか、私はやっぱり外国の授業なんかに参加した経験もあるので、やっぱり向こう（外国……筆者注）では、学年が上がるにしたがって、もう本当に積極的に自分の意見を言いますし、どんどん、何か質問（教師による発問……筆者注）したら、もうどんどん手が挙がって、いろいろ意見を言うんです。そういうのを見ると、どうして日本でできないのかなって、（中略）何とかそれをね、変えたいと思うんです。ずっとやってきたので。でもそれで、発表させると、さっき言ったような問題（学習者全員を授業に参加させられない……筆者注）が起きてくるわけです。で、じゃあ、どうしたらいいのかというのが、もう、これは長いこと自分で同じようにやってきて、さっき言ったように、ただ手挙げた人だけでなくて、よく見ていて、で、発表したいというサイン送っている子とか、あるいは、様子を見てれば、あーこの子に当てたらいいなと何となく感じるので、そういうことも一つの解決策でありますけど、ま、たとえばグループにしてみて意見を代表に言わせてみるとか、いろいろやってきたわけなんですよ。〉

105

この、一連のインタビューのやり取りにおいて注目するのは、N先生が批評者である同僚教師HN先生の批評の文脈を直接的に受容するのではなく、その文脈をN先生にとって意味ある文脈へ転換して語り直した点、さらに、批評者であるHN先生の文脈を転換させたのにはそれなりの思いが背景的事情としてあった点、である。つまり、N先生にとって、HN先生の批評に直接応答することよりも、HN先生の批評を手がかりにN先生自身にとって意味ある授業実践の本質的条件を明確にすることの方が重要だったのである。

　この場面で、HN先生は、公開授業において、N先生がある学習者を指名し指名された学習者が応答するという授業の流れの妙を観察した結果、N先生がどういう方法や意図に基づき学習者を指名しているのかという、N先生の意図を明らかにしたいという思いで質問したものと推察される。ところが、N先生は、指名の方法をどうしているのかというHN先生の文脈を手がかりに、一旦、〈(誰に指名するかは……筆者補足)こちらから見ていればわかる〉と、HN先生の文脈に沿って応えた後、指名の方法ではなく、〈実際、(学習者全員を……筆者補足)こちらを向かせないと〉〈まずは、やっぱり、こっちを向かせるっていうことが大事〉と、指名されて十分反応できない学習者の存在に思い至るとともに、そうした学習者を含めた全学習者を主体的にするという授業実践上の切実な課題に言及し、HN先生の文脈を転換する。そして、全学習者が主体的になった具体的状態について、〈私はまあ発言をすごく重視して〉〈もう本当に積極的に自分の意見を言います〉と、理想の形を語る。さらに、〈たとえばグループにしてみて意見を代表に言わせてみるとか、いろいろやってきたわけなんですよ〉といった、課題克服のための方法について試行錯誤してきた履歴に語りが及び、全学習者を主体的にするという課題が切実なものであった背景が語られる。このようにして、【全学習者が主体的である状況を作る】という、N先生にとっての授業実践の本質的条件が、授業実践知の外枠として概念化されたのである。続いて、この外枠を裏づける授業実践知の内容について、考察してみたい。

第 3 章　研究授業経験を通じて構築される国語科授業実践知の諸相

### 3.3.3.2.2　授業実践知の内容

　後半のインタビューでは、この外枠としての【全学習者が主体的である状況を作る】の内容に語りが及ぶ。国語科教材文を読む中で個々の学習者にどのようなことばの学びを具体的に成し遂げさせれば【全学習者が主体的である状況を作る】ことになるのか、についてのやりとりがなされた。

　ここで、インタビュアーである筆者は、【全学習者が主体的である状況を作る】というN先生の授業実践知の外枠概念が、公開授業学習指導案に記述されていた授業テーマ「生徒の主体的な活動を生かした授業～学びの目標を理解した学習のすすめ～」に通じることに気づき、この学習指導案で記述されている「生徒の主体的な」という概念は国語科教材文を読むということばの学びにおいてどのように具現化されるのか、とN先生に問いかけている。学習指導案記述の一般的な概念の内容を国語科授業における学習者のことばの学びの具体レベルで掘り下げることによって、N先生の授業実践知の内容を、国語科教材文を読むという学びに即した具体レベルで明らかにすることができると考えたのである。

　〈筆者：本時の授業の中味に関わることなんですが、テーマ（学習指導案に記述されたテーマ……筆者注）が、生徒の主体的な活動といったものがテーマだったと思うんですが、生徒の主体的な活動というものと、教師が準備をして教材研究をして教えなければいけないことというのがあると思うんですが、その、生徒の主体的な活動と教師が教えるべきこととのバランスというのを先生は、どのようにバランスをとって授業というのを、50分の授業を組み立てておられるんでしょうかねえ。〉

　（中略）

　〈N先生：あのですね。この、生徒の主体的な活動を生かした授業というテーマ（学習指導案に記述されたテーマの本題部分……筆者注）は、これは学校のテーマなんですね。で、学びの目標を理解した学習のすすめ（学習指導案に記述されたテーマの副題部分……筆者注）というの

107

は、学校のテーマでもあり、実は私の、自身のテーマでもあるんですね。生徒の主体的な活動を生かした授業で、学校のテーマは、この学校は、私が来る（赴任する……筆者注）前からですね、グループ活動とか、あるいは生徒が自分で調べたことを発表させる授業とか、そういったことを、推進するようにという形で、そういう授業の実践記録を残そうというのが今もあるんですね。でも、実は私は、そういう、グループ活動は自分もしますけど、いつもいつもするわけじゃないですね、で、学習の内容によって、それは形態を変えるわけですけど、たとえ、生徒が、普通に座って授業を受けているとしても、主体的に授業に参加しているかどうかが大事だと、自分で考えて、その授業の内容に興味関心を持って、考えて、そして、意見があれば発表すれば、私はそれが主体的な活動だと思うんですよ。で、この学校での主体的な活動を生かした授業という、この目標は、ペアワークとかグループ活動とか、生徒が調べ学習とか、そういったものを指しているので、実は私の考えとはちょっとずれていると思います。<u>私は、そういう、形ではないと思うんですよ、生徒の主体的な活動というのは。</u>（中略）だから、さっき言ったように、主体的な、<u>私にとっての主体的なというのは、受けたいと思う授業でしょうね。参加したいと思う授業</u>、そうなればいいんですけど。〉

〈筆者：で、そういうふうにとらえた場合、（中略）あと、生徒に考えさせるためには、教師が何か教えるということもあると思うんですよね。〉

〈N先生：それはもう<u>一番重要なのは、発問だと思います</u>。だから、<u>考えたくなるような発問を用意すること</u>ですよね。〉

〈筆者：発問が生徒にとって、主体的な活動を引き出すために、教えるべき内容というようなことになるんですかね、先生の場合？〉

〈N先生：はい、そう（少し戸惑いつつ……筆者注）。教えるべき内容というのは、（別に……筆者補足）あるんですよ。たとえば、樊噲のことであれば、作者が、<u>樊噲が項王を黙らせていく、その、プロセスと</u>

第3章　研究授業経験を通じて構築される国語科授業実践知の諸相

いうのが、いかに見事に描かれているかということを生徒につかませたい、いうのが、教えるべき内容、ですよね。目標、授業の目標。それを生徒に考えさせるためには、やっぱり発問が、うまく創られて、構成されていないといけない、ということですね。それが、その発問が、うまく考えてあれば、生徒が主体的に考えるであろうという、とこですかね。〉

　ここで、インタビュアーである筆者は、【全学習者が主体的である状況を作る】は、教材文を通して教師が教えたい内容に関係なく行われるものではなく、教材研究によって導き出された教えたい内容が基盤となってなされるものであるという認識を持っていた。そこで、教師が学習者に教える内容と、学習者の主体的活動との関係性、および、それぞれの具体的内容を明らかにすれば、N先生の授業実践知の内容が明らかになると考えたのである。そのような考えのもとで、この場面におけるN先生と筆者との一連のインタビューは展開した。
　筆者の問いかけに対して、N先生は、教師が教え学ばせる内容としての学習目標と学習者の主体的な活動とは教師の発問によって媒介されると語るとともに、学習者の主体的な活動とは、グループ活動やペアワークといった活動形態のみを意味するのではないということを強調された。
　N先生にとって、学習者が主体的であるとは、形骸化された活動を意味しない。〈そういう（ペアワーク・グループ活動・調べ学習などの学習形態……筆者注）、形ではないと思うんですよ、生徒の主体的な活動というのは〉なのである。そうではなく、〈受けたいと思う授業でしょうね。参加したいと思う授業〉の状況を教師が組織し、学習者がその状況に関与できていることを意味する。そして、その状況を組織するために〈それはもう一番重要なのは、発問だと思います。〉と、発問が要になるとともに、適切な発問を生み出すためには教師が設定する学習目標がその前提に位置づくのである。それら、学習目標・発問・主体的活動といった、N先生の授業実践知の鍵概念の関係は、〈目標、授業の目標。それを生徒に考えさせるた

109

めには、やっぱり発問が、うまく創られて、構成されていないといけない、ということですね。それが、その発問が、うまく考えてあれば、生徒が主体的に考えるであろうという、とこですかね。〉と総括的に語られた。つまり、学習者の主体的な学びは、教師が、学習目標と、そこに至る適切な発問を計画し、学習者がその発問を媒介として、その学習目標を目指し積極的に教材に関与した学びを遂行する過程において実現されるべきものだと言うのである。このことから、N先生の授業実践知の全体構造は、外枠として【全学習者が主体的である状況を作る】が位置し、その外枠の中身としての、【教師が教えるべき内容としての目標】が中核となり、それら、外枠と中核としての中身とをつなぐ媒介的役割を果たすものとして【発問構成】が位置づくという構造になっていると言える。

　それでは、N先生の国語科授業において、学習目標と発問はどのように設定されるのであろうか。それらの具体的内容について、適宜、教材文に即しながら具体的に考察する。

　国語科教材文を読む授業におけるN先生の学習目標は、教材文のことばに徹底的にこだわること、そして、作品内に描かれた対象（登場人物の言動や心情など）を表現しきるための、ことばの尽くされ方を読み取ること、である。換言すれば、作品に描かれた出来事や事件の流れを表層的に理解するのではなく、作品のことばとことばの連なりの巧みさを個々の作品ごとに読み深めるということになろう。このことについて、N先生は次のように語る。

　〈たとえば、樊噲のことであれば、作者が、樊噲が項王を黙らしていく、その、プロセスというのが、いかに見事に描かれているかということを生徒につかませたい、いうのが、教えるべき内容、ですよね。目標、授業の目標。〉と語っている。このことは、学習指導案では、「ただ単に『何が書いてあるのか』を理解するのではなく、『なぜそのように書いたのか』『なぜその文字・語句を用いたのか』さらには『なぜ書かれなかったのか』など、行間の読み取りを重視して自分なりの主体的な読みを深めさせたい」、あるいは、「樊噲の演説の巧みさについて考える」といった記述

第 3 章　研究授業経験を通じて構築される国語科授業実践知の諸相

に相当するものである。項王を説き伏せるための樊噲の弁術のあり様という対象を見事に描ききるためのこ・と・ば・の・尽・く・さ・れ・方を読み取ることが学習目標とされているのである。

　次に、発問について考察する。発問について、N先生は、インタビューで、〈考えたくなるような発問〉と語るにとどまり、また、学習指導案の記述にも見当たらないため、公開授業において実際になされた発問を音声記録の中から拾い出すことによって具体化を図ることとする。学習目標である「樊噲の演説の巧みさ」に迫る発問としては、たとえば、本文「項王未有以応」が、項王がことばを発することができない状況にあったことを押さえた上で「項王は答えられなかった。それはなぜか。」「どうして項王は黙ってしまったのか。気づいた人はいますね。」といった類の発問がなされ、それが樊噲の演説の巧みさゆえのことであったことを教室で確認した。この発問は、この後に扱う、樊噲の演説部分のことばの巧みさを読み取るための読みの構えづくり（方向づけ）のための役割を果たしている。つまり、この発問を契機として、学習者は、樊噲の演説部分の言述が巧みなことばの連なりによって構成されているという読みの方向を定めることができるのである。そして、これに続く発問として「うまいなあというところ（はどこ）？」が続き、樊噲の言述を丁寧に読み解く学びへ学習者を誘うことができたのである。この後の発問は、異なる時代に生きた秦王の行動を引き合いに出しつつ間接的に項王を説き伏せる樊噲の言述の巧みさを教室で共有できるように展開した。N先生の発問構成は、学習者の学びを目標に到達させるべく、読みの方向を誤らせないよう、全体の方向を見定めた後、その方向に沿って細部を丁寧に読み進めていこうという流れ（つながり）を見取ることができる。

## 3.3.4　考察

　授業づくりの指針となる授業実践知が深化・拡充・共有されるのにふさわしい場として、授業者教師と同僚教師の経験知が互いに交流される研究授業（授業公開と授業批評会）がある。しかしながら、多忙を極める学校

現場において、入念な事前準備に基づく研究授業の実施は、ままならないのが現実である。授業者教師も同僚教師も、真摯な姿勢で研究授業に取り組むが、公開授業後の授業批評会は、個々の教師が保有する経験知が断片的に提示されるにとどまる傾向がある。このことは、ここで取り上げたN先生のインタビューにおける発言、および、筆者も参観したN先生の授業批評会などからもわかる。

　研究授業に関するこのような現状では、教師たちの取り組みはその場限りのものとなり、そのかけがえのない成果を教師同士で共有あるいは発展させることは、ほとんどできないであろう。なぜなら、授業批評会で協議された内容には、厚みや深まり、一貫性がないからである。そこで、授業者教師の授業実践知を、その背景を含めて、できるだけ丁寧に厚みを持たせて概念化するための手段を講ずることにより、その成果を教師同士で広く共有・発展できるようにする必要がある。その可能性のひとつが、ここで取り上げた、インタビューを通して語り手と聞き手とで授業実践知を協同構築するというアプローチである。

　以下、ここで事例として取り上げた熟練教師N先生が、筆者のインタビューを介し、どのような状況下で、どんなプロセスを経て、どういった授業実践知を構築するに至ったのかを総括する。

　インタビュアーである筆者は、平成20年度インタビューを通して、N先生の授業の特質を示す鍵概念（学習者の主体性重視、教材文のことばへのこだわり）を、ある程度、概括的にではあるが、把握できていた。そこで、平成21年度インタビューでは、その鍵概念の具体内容を、授業実践、教材本文に即しながら、具体的に解明した。さらに、インタビューでの話題が、前年度インタビューで明らかになったN先生の授業の特質から離れないように、インタビューの流れを制御しながら、インタビューを展開した。このように、N先生の授業の特質を表す鍵概念の具体を解明するというインタビューの文脈において、N先生の授業実践知は、一貫性を保ちつつ厚みを持って構築されたのである。

　インタビューの前半で、N先生は、授業批評会における同僚教師HN先

## 第3章　研究授業経験を通じて構築される国語科授業実践知の諸相

生の批評を手がかりとしながらも、その同僚教師の意図した文脈とは異なる文脈のもと、【全学習者が主体的である状況を作る】の具体的な様子と、その状況を生み出すために試行錯誤を繰り返してきた実践歴について語った。さらに、インタビュー後半では、国語科授業において、【全学習者が主体的である状況を作る】ために、【教師が教えるべき内容としての目標】をどう設定するのか、そして、学習者をその学習目標に導くために【発問構成】をどうするのかについて、教材文に沿って具体的に語ったのである。

では、このように、インタビュアーによって制御されながら、構築された教師の授業実践知には、どのような意義があるのだろうか。

具体的な実践の文脈に寄り添いつつ、ある特定のテーマに沿って語られた教師の語りは、思いつきを断片的に提示したものとはなり得ず、一貫性を持った物語として語られる。そして、語りの分析を通して解明された授業実践知は、鍵概念相互の関係性を保ちつつ提示される。

このようにして示される授業実践知は、脱文脈化抽象化された理論知に比べ、授業の全体像がイメージしやすいため、これにふれる他の教師たちは、語り手教師の授業の特質について、リアリティを伴った具体的なイメージを形成できる。そして、語り手教師の授業と自分の授業とを、実践の文脈を伴った形で対照させながら自身の授業の省察を深めるため、抽象化された理論を鵜呑みにして終わりにするのではなく、自身の授業とじっくり向き合うことができる。また、語り手教師自身にとっても、断片的ではない文脈化された知識が形作られるため、自分ならではの授業らしさを自覚することにつながる。つまり、インタビューを通じて、授業者と研究者とが授業実践知を協同構築するという営みは、語り手教師にとっても、他の教師にとっても、文脈を伴った形で、授業づくりのあり方について省察を深める可能性を提供してくれるのである。

## 3.4. 教科内容観に関わる授業実践知の構築

### 3.4.1 問題の所在
　ここでは、ある熟練教師の事例を取り上げ、学習者にとって必要な教科内容観をとらえ直すに至るという点に関わっての、研究授業経験を通じた授業実践知構築の過程を解明する。つまり、研究授業を経験した国語科教師が、インタビュアーの問いかけに促されつつ、授業批評会での同僚教師の批評を手がかりに、学習者にとって真に必要な教科内容のあり方についての見方を編み出していく過程を描き出すのである。また、授業者教師が研究授業経験を意味づける際に、研究授業に参加した同僚教師の批評が果たす役割と、インタビュアーが果たす役割とについても言及する。

### 3.4.2 調査の概要
　研究協力者であるL先生の公開授業および授業直後の批評会を観察した後、L先生を語り手、筆者を聞き手とする半構造化インタビューを実施した。

《研究協力者》L先生は、九州地方公立高校に勤務し、教職経験が25年程度ある。現在の勤務校は、大学進学中心の教育課程が編成されている。先生は、現在の勤務校へ赴任する直近3年間、教育センター指導主事としての勤務経験がある。L先生を事例として取り上げた理由は、教職経験が豊富であることに加え、指導主事として高校のみならず小・中学校の研究授業にも関与した経験があることによる。教職経験が豊富であり、かつ、自身が所属する学校種とは異なる学校種の研究授業に関与する経験を持つということは、自身の研究授業経験の意味づけを多角的大局的にできると考えられる。

《調査時期》平成22（2010）年6月
《調査の流れ》
　（1）　事前に研究授業の学習指導案を受け取り、授業観察の方法、インタ

第3章　研究授業経験を通じて構築される国語科授業実践知の諸相

　　　ビューでの質問項目を検討した。
(2)　公開授業および直後の授業批評会を観察・記録した。
(3)　公開授業および授業批評会を中心テーマとするインタビューを行った。
(4)　インタビュー・データを文字化し、分析資料とした。

《公開授業の概要》対象となる授業は、高校2年現代文（清岡卓行「手の変幻」：数研出版『現代文』所収教材　pp.46-52.）で、本時で扱った箇所は、意味段落に分けた時の2段落相当部分である（pp.47-50.）。本時の最終的な学習目標は、第2段落の内容全体をふまえ、筆者にとって、「ミロのヴィーナスの失われた両腕の復元案というものが、すべて、興ざめたもの、滑稽でグロテスクなもの」（pp.47-48.）である理由を、学習者自身のことばで表現するというものであった。授業の過程としては、その最終的な目標に学習者を到達させるべく、第2段落中のキーワード「量の変化」「質の変化」を具体化したり、「もちろん」「しかし」「なぜなら」といった接続の言葉の働きを確認したりといった、文脈の理解を徹底させるものが中心であった。また、授業は、教師からの発問に学習者が応答する形で展開されたが、教師の発問に1つの正解を求めて学習者が反応するという、いわゆる一問一答式ですべてが展開されたわけではない。授業展開上、要所となる発問については、学習者同士がグループで協議し合ったり、学習者一人ひとりの考えをノートに記述したりしながら、学習者が自分なりの言葉で表現することを尊重するといった展開も見られた。

《授業批評会の概要》公開授業直後に実施された授業批評会は、授業者であるL先生による、本時のねらいと意図に関する説明から始まった。その後の流れは、授業観察者である同僚教師たちが個々に気づきを批評し合う、そして、それらの批評に対してL先生が回答するというものであった。批評された事柄は、教師の説明と学習者の主体的活動（考えさせる活動）とのバランス、教材文中の重要表現の解釈の仕方、正答の範囲が広い発問について学習者の反応をどう評価するか、など

である。協議は、テーマを焦点化して集約的に展開されるというよりも、個々の教師が批評した様々な内容をめぐって展開されたため、断片的なものに傾きがちであった。

《インタビューの概要》半構造化インタビューを行い、L先生が、授業批評会でなされた同僚教師からの種々の批評のうち、どの批評をどんな理由で取り立てるのか、そして、それらの批評を手がかりに自身の国語科授業をどう意味づけるのかを、それぞれ明らかにすることを目指して進めた。あわせて、研究授業を経験することに、L先生がどんな意味を見出しているのかについても語っていただいた。

### 3.4.3　分析結果

インタビュー・データを分析しながら、L先生がとらえる授業批評会の理想と現実、L先生にとって同僚教師が果たす役割をそれぞれ示したうえで、授業批評会で提示された同僚教師のどんな批評をどう意味づけながら教科内容にかかわる授業実践知を構築するに至ったのかを解明する。

インタビューは、約40分に及び、筆者との間で、合計30のやり取りがなされた。なお、以下の引用における発話者の後の数字は、発話の順序を、〈　〉はインタビュー・データからの直接引用部分であることを、それぞれ示す。また、インタビュー・データ引用部分における下線は筆者によるものである。

#### 3.4.3.1　授業批評会の理想と現実

授業批評会における同僚教師の批評にそれほど大きな意義を見出していないL先生であるが、授業批評会での協議を通して同僚教師とともに授業について研鑽を深めたいという思いは持っておられる。先生は、授業批評会のあり方に関する理想と現実について、次のように語る。

〈L先生10：だけど、何かやっぱり研究授業は、一番、僕思うのは、やっぱり、臨機応変、その、生徒、前にして計画してたことが、こ

第3章　研究授業経験を通じて構築される国語科授業実践知の諸相

う、うまくできないとか、生徒の反応が予想できなくて、何か違う方向へ行くとか、そういうところが生まれたときになぜだろうとか、まあ、あの時どうしとったらいいんだろうかとか、そういうのを（同僚教師とともに……筆者補足）考えたいなあという願いはあるんですけど、どっちかというと、やっぱり、こういう協議のときに、私はこう思うとかいう作品とか、文学論とか、になる傾向があるんですね。僕なんか、もともと国文（文学部国文学……筆者注）出身でもないので、あんまりね、興味ないというか、その、文学自体とか、何かそういうもの、こう、考えるというのは、そんなに興味がないですよね。それよりもやっぱり生徒がどう変わるだとか、どう気づいたとか、何かそういうところで、何か研究授業は動きたいなあというところはあるんですねえ。（中略）だけど一方ではですね、高校の授業は、結局、教員がどんだけ深い専門的な何かこう、まあ、作家論を語るとか、文学なら歌なら歌について情熱を持って語るとか、そういうのがないと魅力のある授業にはならない。生徒は結局なんでかわからんけど、100円のお菓子と500円のお菓子食べたら、理由はわからんけど、500円の方がおいしいという、絶対思うわけだから、だから、いろんな教師に習った時に、ああ何かこの先生は面白くないと、何でかわからんけど、ていうのが絶対あると思うので、で、そうしたときに、やっぱり、底の浅い教材研究とかじゃあ、やっぱり駄目なんだろうなあとは、つくづく思うんですけど。だから、まあ、なるべくがんばってやろうとは思いますけど、まあ研究授業で（同僚教師の批評を……筆者補足）いろいろ聞いても、僕はそこ（が要点……筆者補足）ではないだろうというような（批評をする……筆者補足）方もいらっしゃるので、あんまりそこ（授業批評会……筆者注）で、へえとかは思わないですけどね。〉

〈筆者11：底の深い教材研究というのは、まあ、いろいろ、教材によっても当然、あるいは、現代文でも古文でも、領域が違うと思うんですけれども、底の深い教材研究というのは、先生にとってはどんな

117

ものなんですかね。〉
　〈L先生11：僕にとっては、まあ、今、授業で求めてることから言うと、やっぱり、何か、生徒を常に意識した、教案ということ、研究授業だろうと思うんですけどね。（中略）その、何かこう、生徒の反応をうまく引き出すような授業ができたらいいのかなあと思うんですけどね。〉

　先生にとって理想の授業批評会は、学習者の学びを抜きにしたところで、教師同士が教材論を交流させることではない。〈生徒、前にして計画してたことが、こう、うまくできないとか、生徒の反応が予想できなくて、何か違う方向へ行くとか、そういうところが生まれたときになぜだろうとか、まあ、あの時どうしとったらいいんだろうかとか、そういうのを考えたい〉というように、学習者の学びが計画とは異なる方向へ進むのはなぜか、また、そうした場合に学習者の学びを成立させるために教師はどうしたらよいのかを、同僚教師とともに考え合う。それは、〈生徒がどう変わるだとか、どう気づいたとか、何かそういうところで、何か研究授業は動きたいなあ〉と、学習者の学びを核とした授業批評会の実現ということになる。学習者の学びを中心に据え、学習者が教科内容として何を学び得たか、そして、何を学び得なかったを明らかにするとともに、問題があるとすれば、その事実と原因と改善策をそれぞれ同僚教師とともに協議し合うことを理想としているのである。
　しかしながら、先生が経験する現実の授業批評会は、授業における学習者の学びとは関係ないところで、〈私はこう思うとかいう作品とか、文学論とか、になる傾向があ〉り、授業批評会から学ぶことは多くないというのである。
　ところが一方で、小・中学校に比べて教科専門性の深さが求められる高校の授業では、教科専門性の深さが学習者の興味関心を引き出すという現実があるため、〈だけど一方ではですね、高校の授業は、結局、教員がどんだけ深い専門的な何かこう、まあ、作家論を語るとか、文学なら歌なら

第3章　研究授業経験を通じて構築される国語科授業実践知の諸相

歌について情熱を持って語るとか、そういうのがないと魅力のある授業にはならない〉と、教材研究の深さの重要性にも言及する。

そうした葛藤を経て、学習者不在の作品研究、あるいは、作品研究不在の学習者研究でもなく、両者を統合させた、学習者の学びに基づいた教材研究の深さに、今後の授業批評会の可能性を見出すに至る。〈底の浅い教材研究とかじゃあ、やっぱり駄目〉〈生徒を常に意識した、教案〉〈生徒の反応をうまく引き出すような授業〉と、文章の深い読み方そのものだけを協議するのではなく、学習者の学びを引き出すための教材文の深い読み方を、同僚教師とともに協議できるような授業批評会のあり方に今後の可能性を見出している。

### 3.4.3.2　研究授業における同僚教師の役割

L先生は、現状の授業批評会での同僚教師の批評には大きな意義を見出していない。しかしながら、自分が公開する授業を観察する同僚教師の存在には意義を見出している。

　〈筆者20：一番大雑把な質問になるかもしれませんが、この研究授業、それから、先ほどの合評会（授業批評会……筆者注）というんですかね、全部、総合して、この研究授業での成果みたいなものですねえ、そういったものは何だとお考えですかねえ。〉
　〈L先生20：自分にとって？〉
　〈筆者21：えー、自分に、先生自身にとられて。〉
　〈L先生21：何でしょうねえ。んー、成果は、何かそのやっぱり、緊張感、変な話ですけど、緊張感持って、こう真剣にやっぱり、その、教材に向かうというのが。やっぱり日常の中で、やっぱり、緩んでしまいますよねえ。誰の目線もないというのは、やっぱり、やっぱり何か、こう戒めようと思っても教師は、まあちょっと今日はこの辺でいいか、みたいなところが自分でもやっぱりどうしても出てくると。そうした時に、いろいろ、こう、プロの目で見られるということで、

119

やっぱり必死に教材と向き合う、そういう時間が一番貴重かなあと思いますねえ。だから、何か、いろいろ、こう、アドバイスいただいたりしてありがたいなあとは思うんですけども、その教材は終わっているとか、また、いただくアドバイスというのは、この教材のこうだったら、こうした方がよかったとか、でもそれは、次に使えないアドバイスが結構多いんですよね。だからまあ、自分自身に厳しくなれる、まあ、時間をもらったというところが一番貴重なのかもしれないなあと思います。〉

　先生は、授業批評会で提示される同僚教師の批評に大きな意味を見出していない。〈何か、いろいろ、こう、アドバイスいただいたりしてありがたいなあとは思うんですけども、(中略)でもそれは、次に使えないアドバイスが結構多い〉のである。調査当日の授業批評会でも、種々の批評が提示されたが、そこでのやりとりは断片的なものに終始し、特定のテーマをめぐって協議内容が深まるというものではなかった。ただし、先生は同僚教師が研究授業に居合わせることには意味を見出している。同僚教師に授業を観察されるという緊張感の中で、事前の教材研究の質が高まるというのである。〈プロの目で見られるということで、やっぱり必死に教材と向き合う、そういう時間が一番貴重かなあと思いますねえ〉というのである。つまり、L先生にとっては、同僚教師の批評ではなく、同僚教師の存在が、事前に行う教材研究の質の向上に資するから意義があるということになる。

　　〈筆者23：普段の時と、こういう研究授業のときの、先生自身の教材の向き合い方の違いというのは？〉
　　〈L先生23：何かあのー、人にどう言われるかなあという目線ではよく考えますよねえ。だから、こう、勝手に自分はこうだろうというふうな、解釈で、すぐ普通（普段の授業……筆者注）だったら進むのに、だけど、プロがいっぱい見に来たら、この解釈は間違っているとか言

われるんじゃないかなと思うと、余計に調べたり、こう、いろんなところを調査したりとかはしますよね。〉

　普段の授業での教材研究に比べ、研究授業での教材研究は、同僚教師の存在を意識するがゆえに、一つの解釈で妥協することなく、教材文を何度も読み返し、その解釈の妥当性を十分吟味するなど、普段以上に多角的多面的に教材研究ができるというのである。そうした、教材研究の充実に資することが、同僚教師が研究授業に居合わせることの最も大きな意味なのである。

　このように、授業批評会における同僚教師の批評には否定的な印象を抱きがちのL先生であるが、それは、同僚教師の批評の大部分が学習者の学びの事実に即したものでないことが原因なのである。しかしながら、当日の授業批評会を詳細に振り返ってみると、学習者の学びに即した、L先生にとって意義ある批評も提示されていた。

### 3.4.3.3　同僚教師の批評の意味づけ

　L先生が同僚教師の批評で重視するのは、学習者の学びとは関わりのないところで展開される作品論ではなく、学習者がいかに読むという学びを成し遂げているかという、学習者の学びを見据えた批評である。したがって、授業批評会の中で印象深い同僚教師の批評は何であったかという筆者の問いかけに対しても、先生は、多くの批評の中から、学習者の学びに関わってなされた批評を取り上げられた。

　　〈筆者1：研究協議で、同僚の先生から様々な指摘、あの、意見とか感想が出たと思うんですけども、最も、今振り返られて印象に残っているようなコメントというのは、何でしょうかね。〉
　　〈L先生1：印象に残っている。そうですねえ。やっぱり自分としては、（教師の説明が学習者に……筆者補足）うまく伝わらなかったなあというのは、「質の変化」の指摘が一つありましたね。「量の変化」か

ら「質の変化」を次元が違うと僕（板書として……筆者補足）書いたけど、それは書き方、まずかったなあとは、ちょっと思いました。ご指摘があったように、手がある状態とない状態が「質の変化」だなあというのは、ちょっと思っていたので、まあちょっと、伝え方がうまくいかなかったのかなあという反省と、それから、まあＨＴ先生のほうがおっしゃった、もう２・３人、「質の変化」で（発言が……筆者補足）出てきたかもしれないから（学習者に……筆者補足）聞いてみたらというところですね。まあ、この辺もなんか、時間の進み具合の関係から、聞いたらおもしろいなあと思うけれども、あんまり、あそこでまた、聞いていくと、先に進めないというとこで、まあ、どの辺で終わるかというところ、まあ、正直したかったなあというところと、進みたいなあと思うことと、まあ、ごもっともなご意見だなあと思って、僕も（学習者に……筆者補足）聞けばよかったなあと思う自分と同時に、まあ、（１時間の授業で消化する内容を考えると、……筆者補足）やむを得なかったんだよなあと思うところと、生徒、んー、聞いて出るかなと思う（本当に学習者から答えが導き出せるのか疑問に思う……筆者注）部分とかもありましたねえ。まあ、その２つは、特に印象には残った。〉

　授業批評会でなされた同僚教師の批評のうち、Ｌ先生にとって印象深い批評は、教材文中のキーワード「質の変化」の扱いに関するものであった。

　実際の授業では、「『質の変化』って何？」という先生の発問を受け、学習者は数分間周囲の仲間と協議する時間を持った。その後、先生は２名の学習者を指名したが、うち、１名は発言せず、また、もう１名は発言したものの文脈を押さえた解釈ができていなかった。そこで、Ｌ先生が「質の変化」の意味を説明したのであるが、「質の変化」は〈次元が違う〉ものであると抽象レベルで説明したにとどまったため、学習者が消化不良を起こしていたのである。

第3章　研究授業経験を通じて構築される国語科授業実践知の諸相

　L先生がインタビューにおいて注目した、同僚教師による2つの批評は、この授業場面をとらえてのものであり、1：教材文中のキーワード「質の変化」に関わる教師の説明が学習者にとって不十分だったのではないかという批評と、2：「質の変化」の内容を学習者に考えさせ発言させた場面で教師側から答えを説明する前にもっと多くの学習者の発言を促すべきではなかったのかという批評、であった。

　ところが、1点目の批評、「質の変化」に関わる教師の説明について、L先生は、〈やっぱり自分としては、うまく伝わらなかったなあ〉と、同僚教師の批評を一旦は受容するものの、先生は学習者の反応を重視しているため、以下の語りに見られる通り、教師の行動に言及したこの批評に関わる意味づけはこれ以上深まることがなかった。

　　〈筆者10：今、印象に残られたこと、2つおっしゃっていただいたんですけれども、最初の件については、教材研究というか、教材解釈の部分にあたるんじゃないかと思うんですが、今回の研究授業を創る段階、それから、授業を終わった段階で、まあ先ほどのようなコメントが出て、教材研究のあり方というか、仕方について何か考えられたことというのは、ありますかね。今回の経験を通して。〉
　　〈L先生10：まあよくないのかもしれませんけど、あんまり、教材研究自体ですね、研究授業（における同僚教師の批評を……筆者補足）通して変わるということは、そんなに、ないかもしれませんね。（中略）まあ研究授業で（同僚教師の批評を……筆者補足）いろいろ聞いても、僕はそこ（が要点……筆者補足）ではないだろうというような（批評をする……筆者補足）方もいらっしゃるので、あんまりそこ（授業批評会……筆者注）で、へえとかは思わないですけどね。〉

　筆者は、学習者に伝わる説明のための教材研究のあり方について、改善が求められるのではないかという趣旨で問いかけた。しかしながら、L先生は、あくまで、実際の授業での学習者の言語活動を検討することにこそ

123

意義を見出しているため、学習者の言語活動に直接は関わらない、教師の説明行為に関わるこの同僚教師の批評にはあまり大きな意味を見出しておらず、これ以上意味づけが深まらない。

　２点目の批評、教師側からの説明以前にもっと学習者の発言を引き出しておくべきではなかったかという批評について、Ｌ先生は、学習者の発言の重要性は認識しつつも、授業展開（後の展開とのつながり）を考慮すると、全面的には受容できず、〈聞いたらおもしろいなあと思うけれども、あんまり、あそこでまた、聞いていくと、先に進めない〉のではないか、〈生徒、んー、聞いて出るかなと思う〉という具合に葛藤する。そして、Ｌ先生は、葛藤しつつも、授業において学習者の発言を求めることの意義について次のように語る。

　　〈筆者２：後のＨＴ先生の（批評の……筆者補足）件なんですけども、生徒に、もっと沢山聞くこともできたのにということに、ちょっとこだわられたと思うんですけども、やり方によっては、生徒に考えさせる、生徒に聞くというのは、今回の場合であれば、学習の１の(2)（これに続く授業内容で教科書中に学習の手引きとして記載されている、本時の中核となる発問……筆者注）ですかね、ここでしっかり考えさせることが目標だから、その前の、「量の変化」と「質の変化」のところについては、さらっと行くと。先生の方で説明をしてしまって、さらっと行って、考えさせるべきところは、その後の、学習の１の(2)であると、そういう考え方もある一方で、やっぱり、ここではもう少し生徒に聞いておいた方が良かったんじゃないかなという考え方もあると思うんですけども、先生が、振り返られて、今、こだわられたと思うんですが、どうして、もうちょっと聞いておけばよかったかなあというような感想を持たれたのかというところを、わかれば教えていただきたいと思う。さらっと行ってしまうという手も一方であると思うんですけども。〉

　　〈Ｌ先生２：そうなんですよね。何か、授業の目的としてはですね、

（学習の１の(2)の発問に取り組むことが……筆者補足）結論だから、まあ、あそこ（「質の変化」の部分……筆者注）で（さらに多くの学習者に……筆者補足）聞いていれば、（進むのが遅れ本時で行った……筆者補足）書かせる作業さえ行かなかったかもしれないですよねえ。んー。〉
〈筆者３：えー。ただ、（学習者に……筆者補足）聞いた方がいいかなあというふうに思われたということは、聞くことによってまた何か開けるんじゃないかなというところもあるもんですから。〉
〈Ｌ先生３：まあ開けるかというと、ここはそんなに新しい展開を生むとこではないとは思いますが、まあ、生徒から意見が出れば、その方が生徒の学習意欲が高まったり、授業に対する意欲が増したり、授業が生きたものになりますよね。まあそこで、前のＳＨさんに聞いてみたら、いや、特にないというようなとこで終わってしまったら、結局、自分（教師……筆者注）の考えを押し付けるという意味あいが強まっちゃうかなという懸念ですかね。〉

「質の変化」の解釈について学習者の発言を求めたとしても〈ここはそんなに新しい展開を生むとこではない〉というのである。つまり、「質の変化」に関わる発問は、多くの学習者に発言させることによって、創造的な解釈が生まれるというものではない。この発問は解釈の多様性の範囲がそれほど大きくない発問であるため、正答の範囲の狭い発問に位置づけられる。しかし、〈新しい展開〉にはならないが、〈生徒から意見が出れば、その方が生徒の学習意欲が高まったり、授業に対する意欲が増したり、授業が生きたものになります〉と、先生は、その効果を指摘する。この場面で、教師側からの一方的な説明に終始するのではなく学習者の発言を生かした授業を展開することは、教材の新たな読みの発見には直結しないかもしれないが、学習意欲の向上や授業自体の活性化につながるという効果は期待できるというのである。

また、この「質の変化」の解釈は、学習者が自力では到達できない問題であると、先生は語る。

〈筆者6：これは、生徒の活動、生徒に考えさせる、発問を通して考えさせるという方向で、とりあえず考えておられたのか、まあある程度、教師の方から、筋道立てて本文との関わりの中で説明をして、落としどころをつけるとか、そこら辺は？〉

〈L先生6：それは、後でおっしゃった方ですね。考えても、やっぱり（学習者から答えが……筆者補足）出てくるという期待はそこまでないですね。だから、考えることによって、何かこう、どうしてかなあと思う気持ちが、こう、深まっていくとか、タイミングよく、僕（L先生……筆者注）が言った言葉をしっかりキャッチしてくれるとか。何にもしていないと、いくら言っても素通りしていくのが生徒たちなので、だから、本文中の言葉でも、探させて、この言葉の意味なんだろうというふうに、大事な部分というのはわかると、その、何となく、でも、この言葉の意味って改めて考えてみると、何だろうとか、で、君はどう思うと、僕（L先生……筆者注）はどう思うとか言って、何だろうねえと思ったところに、こういう考え方どうでしょうというふうに、こっち（教師の側……筆者注）から投げかけた言葉が生徒の中で反応して、あ、じゃあこんな意味かなあとか、いうふうになればいいなあということで、（「質の変化」の解釈は、学習者が一人で……筆者補足）考えるだけで生み出せるとは思ってないですねえ。〉

　この、「質の変化」の解釈は、〈考えても、やっぱり出てくるという期待はそこまでない〉。しかしながら、〈何にもしていないと、いくら言っても素通りしていくのが生徒たちなので〉、教師側からの説明だけで単調な授業を展開すると、教師の説明を十分受け止めきれず、結果的に教材文理解の不十分な学習者が出てくる。したがって、学習者に考える時間を与え発言を促すことによって、学習者自身で解釈を導き出すことはできなくとも、〈どうしてかなあと思う気持ちが、こう、深まっていく〉という問題意識の深まりや、〈こっちから投げかけた言葉が生徒の中で反応して、

あ、じゃあこんな意味かなあ〉という教材文の主体的な意味理解を期待できると、L先生は考えておられる。

　以上、授業批評会における同僚教師の批評２つをL先生がどう意味づけているかを分析したが、ここで明らかになったことは、L先生の意味づけが国語科という教科内容には踏み込まないレベルでの意味づけにとどまってしまっているということである。１点目の批評についても２点目の批評についても、それらの批評を受けたことによって教材文の扱いをどのようにし、その結果、学習者にどんなことを教科内容として学ばせるのかという意味づけにはなっていないのである。１点目の批評については、学習者が教師の説明を消化できていないから、それを克服するために教材研究を今後どう改めたら教科内容が学習者に定着するのかについては、結論が見出せないままとなっている。また、２点目の批評についても、学習者に発言させることによって教科内容の理解が具体的にどう促されるかといった意味づけには至らず、一般論としての、学習意欲・授業活性化に関する言及にとどまっている。

　授業批評会における同僚教師の批評だけでは、教科内容レベルまで意味づけを深めることができない場合において、インタビューを通じて、授業者とインタビュアーとで実践の意味を協同構築することに研究授業の意義が見出される。

### 3.4.3.4　インタビュアーとの対話による教科内容観の構築

　L先生は、授業批評会を通して学習者の学びに寄り添った教科内容のあり方を追究したいという思いを持っているにもかかわらず、授業批評会で提示された同僚教師の批評だけでは、国語科の教科内容に踏み込んだ意味づけができない状況にあった。そこで、教科内容に踏み込んだ意味づけのために、インタビュアーと次のような２つのやり取りを展開した。

　１点目のやり取りは、「『質の変化』って何？」というL先生の発問後、教師側からの説明前にもっと多くの学習者の発言を促すべきではなかったのかという同僚教師の批評を、教科内容として、どう意味づけることがで

きるか、に関わるものである。

〈筆者4：それにまだ関連するんですけども、今日の先生の授業の中で、復元案、どういうふうに書いてあったというような質問（発問……筆者注）が最初の方（授業冒頭……筆者注）にあってですね、それをまあどこら辺に書いてあるのか、本文で確認をする、それはまあ、特に生徒に指名せずに先生の方で書いてある箇所を、ページを指定されて授業は流れていったと思うんですね。で、こういうやり方もある一方で、今のところで、その、「量の変化」「質の変化」のところについては、ちょっと考えさせて、生徒に発問して、一応まあ、一人ではあるけれども、あの、ＳＫさんという子ですかね、発言をさせている、というように考えるとやっぱり、その、「復元案をどういうふうに書いてあった？」の部分に比べて、今の話、「『量の変化』『質の変化』とは？」という、その部分については、今日の、この教材を読む上において、重要度がちょっと高いから（学習者に……筆者補足）聞かれたんじゃないかと思うんですけれども。〉
〈Ｌ先生4：それはそう思いましたね。〉
〈筆者5：この、「量の変化」「質の変化」をしっかり生徒に考えておくということは、後々のこの学習を考えたりすること、あるいは、次の3段落を読む上にあたってですね、どんなつながりになってくるんでしょうかね、この、「量の変化」「質の変化」というのは。〉
〈Ｌ先生5：まあ、「量の変化」自体はですね、もう、単純なものだと思いますけども、その、「質の変化」の中の、両腕が付いた像と付いていない像のところは、やっぱりしっかり考えてもらうことで、手の持っている、3段落で出てくる、象徴的な意味合いですかね。そこにつながっているという意識はありました。だから、その、3段落に行った時に、手がないからこそ、その、人間存在における象徴的な意味についてという、その、多分、そこじゃないかなあと思ってですね、その、手がないからこそ、あるべきものがないからこそ、鑑賞す

第3章 研究授業経験を通じて構築される国語科授業実践知の諸相

るもの、作者は、そこにいろいろな腕の可能性という、そうすると、手って機能的な意味以外にどんな働きがあるんだろう、意味があるんだろうということを、いろいろ考えていくところに、作品の味わい、ミロのビーナスの芸術的な価値があると思ったというのが、「質」の部分だというふうに思うんですよね。〉

　筆者のL先生への問いかけ（筆者4）の趣旨は、「『質の変化』って何？」という発問について、授業冒頭でなされた他の発問に比べ、費やした時間の多さや学習者への丁寧な対応の仕方を見ると、教科内容として重要度が高いはずである。そうであるならば、この発問がどう重要なのかを詳しく説明していただきたい、というものであった。
　それに対してL先生は、次時以降で学習する段落の内容と、ここでの発問とのつながりの強さについて語る。〈「質の変化」の中の、両腕が付いた像と付いていない像のところは、やっぱりしっかり考えてもらうことで、手の持っている、3段落で出てくる、象徴的な意味合いですかね。そこにつながっているという意識はありました。〉というのである。そして、この、手が持つ、〈機能的な意味〉とは対照的な〈象徴的な意味〉の内容を読解することが、ミロのヴィーナスの失われた両腕がもたらす芸術性（教材文の主題）の理解につながるのである。つまり、「『質の変化』って何？」という発問は、教材文の主題を理解するという後の学習を直接支え、その基盤となる教科内容であるがゆえに、本時の授業展開において、学習者に学びの場を十分確保することによって、理解の定着を図っておく必要があるというのである。
　このように、授業批評会で問題となった発問を、その発問単独で意味づけるのではなく、他の発問をめぐる教師のふるまいと比較することによって、その問題となった発問を通して学習する教科内容の、単元全体の中での位置づけと重要度とを浮き彫りにすることができたのである。つまり、「質の変化」を解釈するという教科内容は、ミロのヴィーナスの失われた両腕がもたらす芸術性を理解するという主題把握に直結する内容だから重

要なのであり、そのためには学習者と教師とが十分コミュニケーションを取り、学習者の理解の定着を図る必要がある。

　2点目のインタビュアーとのやり取りは、教材文解釈に関わる教師の説明が学習者に伝わっていなかったようであるという同僚教師の批評を受け、学習者に伝わる説明をするために、教材研究のあり方をどう見つめ直したらよいか、という文脈で展開する予定であった。ところが、ここでのやり取りは、学習者に伝わる説明を教師がするために教材研究を改めるという文脈を逸脱し、そもそも学習者に教材文を読ませることの意義とは何か、教材研究はいかに行うべきかという、より大きな文脈で展開した。

〈筆者13：先生が求める教材研究の深さというのは、どの程度までなんですかねえ。作家に入り込んじゃうと、ちょっとマニアックなところがあるんで、そうではないにしても、単に粗筋を追っていくというレベルじゃないと思うんですよね。今日の（授業を……筆者補足）見ても。〉

〈L先生13：今日みたいな、評論文だったら、答えがはっきりしているところって、やっぱり、はっきりわからないところがあると思うんですよね、それか（あるいは……筆者注）、いくつもいくつも答えが出てくるような部分とか、そういうところに、いくつくらい（学習者の反応を予想した授業プランを……筆者補足）準備できるかなあというのは、ひとつ大事だなあと思ってます。だから、単純な言い換えで、ここを言い換えたところはここです、とか、ここの答えはここに書いてありますとか、ちょっとしたテストの簡単な問題、テスト対策的なものと、だけど、ここはもういくつもいくつも自由に語った方がいいと、僕はこう思う、こうこうこう、僕はこう思うと、いろいろ出てくるという時に、どこまで、こう、それが範囲として認められるかというのを受け止められるか。それはちょっと、ちょっと違う、ここにこう書いてあるから、それは違うだろうとか、あ、君が言うことはおもしろいねえとか、受け止めてやれるとか、そういう反応ができたらい

いなあと思うんですけどね。だから、これだって、芸術作品の鑑賞のあり方とか（指導案に……筆者補足）書いたけど、そういうところまで入り込むと、もう、ちょっと作品を超えるのかもしれないけど、でも、そういう話もあえてするんですよね。だから、教材をきっかけに、何かこう、道徳的な話をするとか、入試の話をするとか、だから、国語の時間というのは結構ありがたいなあと思うのは、導入なんかで、じゃあ世の中のこととか、親への気持ちとか、何か、そういう、一つ飛躍したようなこととかも話せるので、そういうことも、何かこう、ちょっとでも関連があったら、したりはしてます。何かこう、これが本当の芸術論かなんかちょっと僕もよくわかりませんけど、でも、そういう、（学習者の……筆者補足）感性を鍛えるような気持ちをやっぱり持ってないと、いつもいつも、こう与えられるものだけで、はいそうですか、はいそうですかと生きてたら、同じ人生つまんないと、だから、同じものを見ても、これはどういう意味があるんだろうと、そこに石があったら、なぜこの石はそこにあるんだろうとか、何のためにあるんだろうとか、そんなことを考えるのは、素敵なことだというメッセージは、何か、なるべく、常日頃、入れていくようにしてるんですよね。だから、学年主任をしてるという立場もあるんですけれど、何かやっぱり、授業だけの、国語だけの国語では、ちょっと（物足りない……筆者補足）ですね。やっぱり、生きることに目を向けるような、何かそういうふうな思いは、持ってるんですけどね。〉

　ここでの筆者のＬ先生への問いかけ（筆者13）の背景には、教材文のキー概念（「質の変化」）について、学習者に伝わる説明を教師が行うには、教材文のあらすじを把握するといった表層レベルの教材研究では対応できないはずであるという思いがあった。また、当日のＬ先生の授業も、教材文のあらすじを確認するという表層的な読みに終始する授業ではなかった。そうしたことをふまえ、この授業場面で、「質の変化」の概念に

ついて、学習者に伝わる説明を教師が行うために、教材研究のあり方をどう見つめ直したらよいのか問いかけたのである。

　それに対してL先生は、この授業場面での教材研究をどうするかという局所的な教材研究のあり方というよりは、そもそも国語科教材文を読むことを通じて学習者にどのようなことを学び取らせるべきなのか、を見据えて教材研究を行うべきであるということを語られた。それは、〈芸術作品の鑑賞のあり方とか書いたけど、そういうところまで入り込むと、もう、ちょっと作品を超えるのかもしれないけど、でも、そういう話もあえてするんですよね。〉というように、教材文の枠内で閉じることなく、教材文を超えるところまで読みを展開することによって、学習者の〈感性を鍛える〉ことにつながるような教材研究をしたいというのである。それは、〈何かやっぱり、授業だけの、国語だけの国語では、ちょっとですね。やっぱり、生きることに目を向けるような、何かそういうふうな思いは、持ってるんですけどね。〉とあるように、教材文を読むことと人生をいかに生きるかということとがつながるような国語授業を展開したいという思いにつながっている。そして、そのような教材研究は、答えがひとつに収束しないような発問において答えを〈いくつくらい準備できるかなあというのは、ひとつ大事〉であり、学習者の反応が〈いろいろ出てくるという時に、どこまで、こう、それが範囲として認められるかというのを受け止められるか〉というように、あらすじを確認するだけの授業とは異なり、学習者の多様な反応を受け止め評価していくことができるよう、教材研究に幅を持たせる必要があると語る。

　L先生は、教材文の読みを、教材文の枠内にとどめることなく、学習者の人生そのものと関連させることを理想としている。そのため、学習者の感性を鍛えるように教材文を読むという教科内容観を見取ることができる。

　これら2つのやり取りから、L先生は、同僚教師の批評の意味づけだけでは十分語り出すことのできなかった教科内容を、インタビュアーの問いかけを媒介に編み出している様子がうかがえる。それは、同僚教師の批評

第3章　研究授業経験を通じて構築される国語科授業実践知の諸相

の意味づけだけでは踏み込めなかった領域（教科内容領域）にまで、L先生の経験の意味づけが拡張したことを物語っている。

### 3.4.4　考察

　ここでは、高校国語科教師（L先生）が、学習者の学びをふまえた教科内容観に関わる授業実践知を、研究授業経験とそれに関わるインタビューを通じて、いかに編み出したかを、分析・解釈してきた。

　ここでは、授業実践知の内容が、学習者の学びをふまえた教科内容観に焦点化した経緯、同僚教師やインタビュアーの果たした役割、さらには、結果として構築された授業実践知の内容を、それぞれ総括する。

#### 3.4.4.1　学習者の学びをふまえた教科内容観に焦点化される授業実践知

　授業実践知の内容が、学習者の学びをふまえた教科内容のあり方に焦点化したのは、L先生自身が研究授業経験の意味をそこに見出しているからである。〈やっぱり生徒がどう変わるだとか、どう気づいたとか、何かそういうところで、何か研究授業は動きたいなあ〉（L先生10の語り）と語っているように、そもそも、L先生にとっては、教師がどんな専門的内容を教えるかではなく、学習者がいかに学びをなし得ているかが重要であった。その一方で、教科専門性の要求される高校の授業では、〈結局、教員がどんだけ深い専門的な何かこう、まあ、作家論を語るとか、文学なら歌なら歌について情熱を持って語るとか、そういうのがないと魅力のある授業にはならない〉（L先生10の語り）と、教科専門的な内容を追究することにも一定の意義を見出すに至る。だからこそ、学習者の学びと国語専門の両方を統合した、学習者の学びをふまえた教科内容観についての授業実践知を編み出したのである。

#### 3.4.4.2　同僚教師やインタビュアーの果たした役割

　授業批評会で同僚教師は、教科専門的内容の批評をすることが多く、学習者の学びをとらえた批評が少ないことからL先生は、その批評には大き

な意義を見出していない。同僚教師は、授業場面に居合わせることにより、授業に向き合う緊張感が生まれ、先生自身の教材研究が充実するから意義があるというにとどまっている。しかしながら、一方で、同僚教師が国語科教科専門に関わる批評を数多く提示したからこそ、L先生が、高校国語科授業ゆえに求められる教科専門性の重要さに思い至り、学習者の学びと教科内容とを統合させた授業実践知を構築したのであるとも考えられる。このように、同僚教師の批評は、L先生が期待するものではなかったが、それが繰り返されることで、L先生が研究授業に当初求めていたものを相対化、拡張させ、国語科授業実践に関わるL先生の視野をより広く豊かなものに導く役割を果たしていると言える。

　また、インタビュアーの果たした役割としては、同僚教師の批評の意味づけだけでは、十分踏み込むことのできなかった、教科内容の意味づけを促す役割が挙げられる。授業批評会では、教師が学習者に向けていかにわかりやすい説明をするか、あるいは、ある発問をめぐり教師と学習者がどんなやり取りを展開するかといった問題が同僚教師から指摘されたが、同僚教師の批評からだけでは国語科という教科内容にまで踏み込んでの意味づけができなかった。そこで、学習者にとって意味ある学びを生み出す教材研究はいかにあるべきかといった問題や、教材文の主題把握と関わらせての発問構成をめぐる問題について省察する機会を、インタビュアーがL先生に問いかけることによって生み出した。それによって教科内容に関わった具体レベルでの授業実践知が構築できたのである。

### 3.4.4.3　構築された授業実践知の内容

　L先生が、授業批評会における同僚教師の批評を手がかりとしつつ、インタビュアーとの対話を通して構築した授業実践知の一つは、国語科教材文解釈において主題（文章全体の読み）に直結する、換言すれば、その理解が不十分であると主題理解が揺らぐような教科内容に関しては、学習者と教師とが発問—応答のコミュニケーションを丹念に行うことによって、学習者が教材文理解を十分に行えるようにする必要があるというものであ

る。この知は、どの発問は軽い扱いで済ませればよいのか、また、どの発問は十分に考える時間を確保し多くの学習者とのやり取りが求められるのかといった、メリハリのある授業づくりのための指針とすることができる。

　もう一つの授業実践知は、教材研究のあり方に関するものである。教材文そのものを教材文の枠内にとどまって読み取らせるのではなく、学習者の人生や感性と結びつけるようにして読み取らせるような教材研究が必要であり、そのためには、解答が一つに収束しないような発問を設定するとともに、その発問に対する多くの学習者の多様な反応を受け止め評価できるよう、教材研究に幅を持たせることが重要であるというものである。

## 3.5. 授業スタイルに関わる授業実践知の構築

### 3.5.1 問題の所在

　ここでは、ある中堅教師が、公開授業（小説を読む授業）に続く授業批評会で提示された同僚教師の批評をどう意味づけながら、授業スタイルに関わるどんな授業実践知を構築するに至ったのかを解明する。その際、インタビュー当初は抽象レベルで概念化されていた授業スタイルが、インタビューを展開する中で、いかに具体化されるに至ったのかを明らかにする。なお、ここで言う授業スタイルとは、授業における教師と学習者との相互行為の全体像を象徴する概念である。

### 3.5.2 調査の概要

　研究協力者であるＸ先生の公開授業（65分）および授業批評会（60分）を観察した後、Ｘ先生を語り手、筆者を聞き手とする半構造化インタビュー（30分）を実施した。なお、Ｘ先生を対象とする調査は、本節で直接分析対象としている平成21年度調査に先立ち、平成19年度にも行っている。平成19年度調査では、Ｘ先生が理想とする国語科授業像を明らかにした。それをふまえ、平成21年度調査では、授業批評会での同僚教師の批評

の省察を通じて構築される授業実践知の解明を目指した。
《研究協力者》X先生は、近畿地方の公立高校（進学指導中心の教育課程編成校）に勤務する国語科教師である。先生には、約10年の教職経験があり、現在の勤務校は2校目である。なお、前任校も進学指導重視の教育課程編成校であった。
《調査時期》平成21（2009）年10月下旬
《調査の流れ》
(1) 事前に研究授業の学習指導案を受け取り、授業観察の方法、インタビューでの質問項目を検討した。
(2) 公開授業および直後の授業批評会を観察・記録した。
(3) 公開授業および授業批評会を中心テーマとするインタビューを行った。
(4) インタビュー・データを文字化し、分析資料とした。
《公開授業の概要》高校2年現代文（小説）の読解に関わる授業である。教材は、重松清『タオル』（第一学習社『改訂版高等学校現代文』所収）である。授業で扱った箇所は、登場人物「シライさん」が「祖父」の「お通夜」の焼香をする場面から最後までである。授業の前半は、ワークシートに記述された本文読解に関する学習課題（たとえば、教材終末場面「手を伸ばしつつも、（祖父の）タオルをすぐに手に取れなかったときの少年の心情を考える。」など）を、教師の発問と学習者の応答とを繰り返し、解いていくという形で進められた。後半は、教材文に特徴的な小説の書かれ方（構成）を文章全体の読解に関わらせて総括する内容であった。「サッカーボール」「年賀状」といった本文に登場する小道具が文章全体の中で担う意味を明らかにし、小説はそうした小道具を巧みに配置しながら構成されていることを先生が解説し、単元全体の総括とした。
《授業批評会の概要》授業後の批評会は、校長・教頭、所属を同じくする高校国語科教員のみならず、併設中学校の国語科教員も参加して実施された。なお、同僚教師の定義について、普段の勤務を同じくする教

師に限定される傾向もあるが、本研究では、「同僚性の単位を一つの学校の教員だけに限定して考えるのではなく、より広い教師のネットワークの中で考えていくことも必要である」（秋田：1998　p.240.）という立場から、普段の勤務を同じくする高校教師のみならず、併設中学校の教師を含めて同僚教師と記述する。授業批評会の内容は、はじめに授業者のX先生が公開授業のねらいと反省点をまとめた後、参加者が各々自由に気づきを述べ合うという形で進行した。観点を定めての協議というものではないため、授業時における学習者評価のあり方、教室環境、教師の説明と学習者の発言とのバランス、教材解釈、授業の進め方等、多岐にわたる批評が提示された。

《インタビューの概要》インタビューは、授業批評会で提示された同僚教師からの批評のうち、X先生にとって印象深い批評を自由に想起していただくことから始めた。そして、想起された批評が、なぜX先生にとって重要なのか、さらには、今後の授業改善のために、その批評に関してどのような取り組みが求められるのか、について、それぞれ具体化を試みた。インタビュアーである筆者は、X先生の語りが観念的なものとなり過ぎないよう、実践の事実や教材文の内容を適宜提示しながら、具体レベルで語りが展開されるように努めた。

### 3.5.3　分析結果

　X先生は、教材文の深層レベルの読みを目指した国語科（現代文）の授業を実践している。表現の字義的な注釈中心の表層レベルの読みにとどまることなく、表現からは直接読み取れない、教材に込められた思想を読み取ることまでを追究する。こうした志向性は、平成19年度の調査で明らかになったことであるが、平成21年度の公開授業の基底をなしている。

　ここでは、公開授業後に実施された批評会で提示された同僚教師の批評に注目し、X先生がどんな批評をどう意味づけながら、授業スタイルに関わる授業実践知を構築し得ているのかを描き出すこととする。本事例では、教材文の表現に即して読むという授業スタイル、および、教師が読み

を主導するという授業スタイル、それぞれの授業スタイルをめぐっての授業実践知が概念化された。

　記述の順序として、まず、授業批評会で提示された同僚教師による種々の批評のうち、インタビューで取り上げられた批評と、その批評がインタビューで取り上げられた経緯とを示す。その後、それら同僚教師の批評がX先生によってどのように意味づけられたのかを説明する。続いて、同僚教師の批評を拠りどころに先生が構築した授業実践知の内容を記述・解釈するが、その際、抽象（格率）レベルであった授業実践知がインタビューを通じて教材内容に即した具体レベルの知へと具体化されていくプロセスを描き出すこととする。

　以下の記述において、インタビュー引用部分における発話者の後に付された算用数字は、発話の順序を示す。インタビューでは、インタビュアーである筆者が10回の問いかけを行い、それに対してX先生が10回の応答を行った。なお、以下の【　】は本節で鍵となる概念を、〈　〉はインタビュー・データからの直接引用部分であることをそれぞれ示す。また、インタビュー・データ引用部分における下線は筆者によるものである。

### 3.5.3.1　意味づけられた2種類の同僚教師からの批評

　公開授業後の授業批評会では、教材解釈・学習者評価のあり方等、さまざまな観点から批評がなされた。ところが、そうした数多くの種々の批評のうち、事後インタビューにおいてX先生が意味づけた批評は2つである。一つは、X先生自身がその重要性を認識しこだわって意味づけた批評（【読みの恣意性】批評）であり、もう一つは、X先生ではなく、インタビュアーである筆者がこだわって問いかけ、それに応じてX先生が意味づけた批評（【学習者の活動不足】批評）である。

　X先生自身がこだわって意味づけた【読みの恣意性】批評とは、もっと教材文を根拠にしながら読み深める授業を展開すべきだったのではないか、授業展開において教材文を参照することが少なく恣意的な読み取りに陥っていたのではないかという批評である。

第3章　研究授業経験を通じて構築される国語科授業実践知の諸相

〈筆者1：研究協議での先生方の発言の中で、今、振り返られて、一番印象に残っているコメントというのを挙げてください。〉
〈X先生1：テキストの文章を抽象化させる作業を生徒にやらせてみせるとおっしゃったHK先生の言葉と、<u>本文のテキストのことばに準拠して答えを導いていかないといけないのではないかというHU先生の発言</u>と、伏線という言葉の使い方に対する違和感というHM先生の発言、ワークシートの1〜4をどうつなげるかというHM先生の発言、この4点ぐらいが印象的なものですねえ。〉
〈筆者2：今後、授業改善、先生自身の授業をよりよくしていくために、意識して取り組まなければいけないなと思われる課題は？今のコメントの中で。〉
〈X先生2：<u>その中でも一番大きいのが、本文にどれだけ典拠を求められるかという部分だと思います</u>（前出HU先生の発言……筆者注）。日ごろ、そういうのをすっ飛ばしてしているわけではないんですけど、こうやって、いざ人に見てもらうという作業を通じて、自分がひょっとしたら、教材の読み込みが足らんかったのではないか、本文の中にやっぱり言葉があったのではないか、手がかりなり、答えなり、根拠があったのではないかという部分についてもうちょっと自覚的でなければいかんなと。で、テストなんかすると、答えは本文の中にあるんだからと、（学習者に……筆者補足）つい言うんですけど、それを授業の中でどんだけ生徒たちに内面化させているかということを思った時に、ひょっとしたら自分は授業の中ではその辺（教材文の言葉をきちんと根拠にして読むこと……筆者注）はいい加減にしておいて、テストの時にきっちりしたものを生徒に求めているのではないか、どっちか言ったら、虫のいい展開をしているのではないかなというのが今後の授業改善の一番、今思う一番大きなテーマかなというふうに思います。〉

X先生は、授業批評会で指摘された種々の批評のうち、当初は、4つの

139

批評が気がかりだと語る。ところが、その後、教材文の言葉をふまえた授業になっておらず、読みが恣意的なものに陥っているのではないかと指摘したＨＵ先生の批評に焦点を絞る。そして、その批評を意味づけた背景には、それ以前のＸ先生自身の実践経験が裏打ちされていた。先生は、定期テストをめぐる学習者たちとのやり取りと、授業内での発問・応答とその評価をめぐる学習者たちとのやり取りとを対比し、さらに、同僚教師ＨＵ先生の批評とを結びつけた結果、今後の授業実践上の課題が、いかに教材文に準拠して授業を進めるかにあると結論づけたのである。

　事後インタビューで取り上げられた、もう一つの同僚教師からの批評（【学習者の活動不足】批評）は、Ｘ先生がこだわったものではなく、インタビュアーである筆者がこだわって取り上げた批評である。それは、教師の説明の、授業全体に占める割合が多く、学習者の活動場面が相対的に少なかったのではないかという批評である。

　　〈筆者９：学年の先生（Ｘ先生とともに同学年の国語授業を担当する先生……筆者注）の話し合いでも（指摘されたことであるし……筆者補足）、主に中学校の先生（併設中学校所属の国語科の先生……筆者注）から出た、先生の話す分量、生徒に考えさせる分量、これについて先生はどの程度、先生にとっての（課題としての……筆者補足）重みはどうですか。<u>先生がしゃべりすぎだという点について。</u>〉

　インタビュアーの筆者がこの批評にこだわった理由は、授業批評会において、複数の中学校教師からだけでなく、複数の高校教師からも同様の批評が提示されたからである。

### 3.5.3.2　同僚教師からの批評の受容のあり方

　「教師が他者の言葉を聴いて学ぶ過程として」、「自身の授業の見方と他者の見方を省察し、吟味」すること（坂本・秋田：2008 p.99.）が重要である。

第3章　研究授業経験を通じて構築される国語科授業実践知の諸相

　インタビューで問題化した同僚教師からの2種の批評のうち、【読みの恣意性】批評については、X先生は全面的に受容している。このことは、インタビューでの語りにおいて、〈その中でも一番大きいのが、本文にどれだけ典拠を求められるかという部分だと思います〉と語っていることから読み取ることができる。
　ところが、【学習者の活動不足】批評について、X先生は、その批評内容を受け入れることができないと語る。筆者の問いかけ（筆者9）に続き、X先生は次のように語った。

〈X先生9：今日の授業に関するご批評ということで言ったら、不遜な言い方だけど、あんまり大したことじゃなかったんじゃないかと思っています。たとえば、生徒に考えさせることは大事なんだけど、僕はこの教材の中で考えさせるという時間の設定をしていないので、また別の単元、別の枠組みであればしなければならない。本当におっしゃっていることは、もっともなんです。特に同じ学年の先生との協議では、どんなに考えさせる授業が大事かという重みもあると思うんですね。（同じ学年の先生は……筆者補足）ベテランなんで、僕みたいな時期を通り越して、いろんなトライもされて、やっぱりこういうことが大事だと思うんだよという発言だと思うんで、そういうところには共感もするし、習いたいとも思うんですけど、この授業の中でこれ（教師の説明を控え、学習者にもっと考えさせる時間を割くこと……筆者注）はどうかと言ったら、まあいいかなと。〉

　X先生は、学習者に十分考えさせ活動させるという授業展開は、一般論としては賛同できるという。ところが、教材の特性や、年間の授業計画全体の中での位置を考慮すると、教師の説明が過剰で、学習者による主体的活動が不足していたという批評は、本時の授業について当てはまらないと語る。
　このように、X先生は、同僚教師の批評を受け止め、「自身の授業の見

方と他者の見方を省察し、吟味」（坂本・秋田：2008 p.99.）した結果、【読みの恣意性】批評の方は肯定的に受け止め、それに続くインタビューで批評内容を授業改善に向けて発展させている。しかしながら、【学習者の活動不足】批評については、本時の授業が置かれた状況を再度省察した結果、受け入れを拒絶し、続くインタビューでは、批評者である同僚教師の文脈を反転し、その批評の不適切性について語りを展開する。

### 3.5.3.3 抽象（格率）レベルの授業実践知

　X先生は、同僚教師からの2種類の批評をそれぞれ批判的に受容した結果、まず、抽象（格率）レベルの授業実践知を構築する。そのうち、【読みの恣意性】批評を肯定的に受容した結果、教材研究をさらに深めること、そして、学習目標とする読みに学習者を導くために必然性・論理性ある発問を構成すること、という内容へ語りが及んだ。他方、【学習者の活動不足】批評を否定的に受けとめた結果、学習者に教材を深層レベルで理解させるために、教師主導で読み方のサジェッションを行うことにこそ本授業の意義があるという内容へ語りが及んだ。

#### 3.5.3.3.1　【読みの恣意性】批評を受けての語り

　【読みの恣意性】批評を受けてのインタビューは、次の通り展開した。

〈筆者3：それ（教材文にどれだけ根拠を求められるか……筆者注）は非常に大きな課題だと思うんですけど、それを解決していくためには、今後どのような努力、取り組み等が必要だと、今この時点で考えておられますかね。〉

〈X先生3：一番根幹をなすのは教材研究だと思うんですけど、<u>教材研究をしっかりすることと、あとは、発問をもっと練るということで</u>しょうね。どうしても、まあ、小・中学校の先生だと、もっと発問の工夫をされているんだと思うんですけど、<u>中心発問とか、枝の発問とか、そういう発問の方法論みたいなものを持っているんでしょう</u>けど、高校生（を教える自分の場合……筆者補足）、（中略）、<u>発問の精度が</u>

第3章　研究授業経験を通じて構築される国語科授業実践知の諸相

高くないんじゃないかなと、いうふうな部分はちょっと思っているんですよ。だから、教材研究で答えというものとか、心情なり、小説をする時だったら、たとえば登場人物の心情なりを本文から導き出させるという作業をさせる時のふさわしい発問みたいな、そんなんがもっといるかなと。教材研究と発問が手立てですかね。〉

（中略）

〈筆者5：今、発問と教材研究の話が出たんですけど、一方、教材研究の方は今までどのような教材研究だから不備があって、今後どのようにしたらいいかという展望は何かありますか。〉

〈X先生5：ちょっと思い浮かばないんですけども。〉

〈筆者6：教材の言葉にこだわってというHU先生の発言を受けて、それを今後の課題だと、その方法として教材研究と発問、教材にこだわって教材研究をするということについて今までどういうところが不十分であり、今後どうすればいいかという見通しなんですが。〉

〈X先生6：一番分かりやすいのは、かけている時間かもしれないですね。予習していくんですけど、2つ3つ授業していると、3クラス目で思い浮かぶことがあるんです。それは、3クラス目でしゃべるぐらいの時間を（教材研究へ……筆者補足）事前にかけていたら気づけたかもしれない。それをしていない。かける時間の問題。どんだけ具体的な発問をイメージして教材研究するか、生徒の反応とか、発問した時の答えを想定して教材研究するかというところが足らんのかなと。〉

　X先生は、同僚教師HU先生の批評を肯定的に受容し、その内容を発展させ、今後の授業づくりにつながる授業実践知を構築する。もっと教材文に準拠した授業展開をしていくべきだとするHU先生の批評をふまえ、教材文のことばに準拠した授業を実践するためには、教材の読みと発問の相互関係性に課題があるという認識を持つようになったのである。
　X先生が語る教材研究とは、その教材文をどう読んだらよいのかといった、読みの到達点を導き出すだけの教材研究ではない。読みの到達点だけ

143

ではなく、その到達点に学習者を導くために、学習者の反応を予測すること、そして、発問と発問とのつながりを意識することも課題なのである。そうした、教材の読み・発問・学習者、3者相互の関係性が希薄だったと、研究授業経験を意味づけている。

### 3.5.3.3.2 【学習者の活動不足】批評を受けての語り

【学習者の活動不足】批評を受けてのインタビューは、次の通り展開した。

〈X先生9：さっきも言い訳がましく言ったんですけど、生徒の活動では、おそらく、違和感（本教材の読みとして導き出したい表現……筆者注）という言葉も出て来ないだろうし、たとえば、涙の中におじいちゃんのにおいが宿っているという言葉（本教材の読みとして導き出したい表現……筆者注）もなかなか出て来ないと思うんですけど、やっぱり、まとめていく段階では、そういう言葉は言いたい、こちらは言いたいですけど、生徒に活動させて、活動させたものと、こっちがここへ持っていきたい、着地させたいという部分に乖離があったら、これを埋める作業を教師がしゃべるわけですね。しゃべってしまったら、また同じご批評（【学習者の活動不足】批評……筆者注）が出てくると思うんですよ。だから、同じことじゃないか。生徒の中からいいものが出てくるかもしれないし、出てこないかもわからない。授業というものの中で、それを待ち続けるだけの心のゆとり、僕にはないです。ギャンブルだと思うんですね。出てきたら、その65分は大変値打ちがあると思うんですけど、なかなかできない、出てきたものが主題をうまくとらえていないとなったときに、自分の責任だが、生徒に活動させたことがうまく主題をとらえてないとしたら、その65分はほぼ得るところがないかもしれない65分になってしまう。そんな大勝負もできない。試験までにここまで行きたいというプランがあって、ある程度、学校によっては担当者任せなところもあるが、きっちりここまで行こうというところもある。学年で同じテスト。<u>生徒の出てくるも</u>

第3章　研究授業経験を通じて構築される国語科授業実践知の諸相

のが、読みのトレーニングをさせてなかったら、やっぱりできへんし（レベルの低い表層的な読みにとどまる……筆者注）、読みのトレーニングを完成させるまでにどれだけ時間を費やすかということを考えたときに、（時間不足に陥る可能性が高いため……筆者補足）そこ（学習者の活動を中心に授業を組織する……筆者注）まで、よう踏み切れない、ということです。（生徒の活動が……筆者補足）大事だということはわかっているが、中学の先生との感覚は少し違うし、高校の先生がおっしゃったことには近づけたいけども、別の枠組みを設定したいかなという感じです。〉

（中略）

〈X先生10：ここはこう読んだ方がいいのではないか、というサジェッションが小説の中で、小説の勉強の中でできたらいいかなと。どっちか言ったら、教えきったれと思ってやっている。そういう時間の配当しかないので。〉

　ここで、X先生は、同僚教師の批評の文脈を反転させ、本公開授業に限った場合の不適切性を指摘する。多くの同僚教師からなされた【学習者の活動不足】批評は、時間の制約もあり、受け入れられないという。学習者の活動に重点を置き、結果として、教師の教える活動が不足し、教材を深層レベルで読ませることができなかったとしたら、それこそが問題だというのである。そして、本授業では、小説の読み方を学ぶために、教師の教える活動こそが重視されるべきであり、教師が小説の深い読み方を学習者に〈サジェッション〉することが大切であると語る。

### 3.5.3.4　具体レベルの授業実践知

　インタビューは、抽象（格率）レベルの知が構築されたのに引き続き、教材内容に寄り添って進み、抽象（格率）レベルの知を裏づける具体レベルの知が構築された。ここでも、【読みの恣意性】批評を受けての語りと、【学習者の活動不足】批評を受けての語りとに分けて記述・解釈を行

う。

#### 3.5.3.4.1 【読みの恣意性】批評を受けての語り

インタビューは、前出（X先生6）を受けて、以下の通り、教材文の内容に言及しつつ展開した。

〈筆者7：今日の『タオル』という教材であれば、もう少しこういうところを教材研究で深めた方がよかったと思われるところはありますか。〉

〈X先生7：さっきもちらっと言ったんですけど、少年がタオルをすぐに手に取らなかったところで、そこなんかは、言葉遣いを少し間違えると、死というものを日常生活から切り離して怖いものとか気味の悪いものとしてしまいがちな言い回しになってしまうかもしれない。だから、そうならない（学習者がそう読み取らない……筆者注）ためにどうしようかと悩みすぎて、結局（発問応答を介して、教材文を根拠とした合理性のある読みを……筆者補足）生み出せなかった。さわるのが何となくこわくてと（教材文中に……筆者補足）あるから、本当はこの言葉に素直に乗っかっていったらよかったでしょうけど、何となくこわかったんだねと言うだけでは、亡くなった人の物をさわるのはこわいことだみたいな、そういう感覚を生徒に植え付けてしまうのではないかというような、どっちか言ったら重松清（作者……筆者注）は身近な人の死をどう受け止めていくかという、これまで病院で亡くなる人が多いという状況の中で、肉親の死というものに若い子供たちはなかなか立ち会っていない、そんな中で、死というものと生活をどんだけ近づけるか、それが（この教材文の……筆者補足）テーマだと思うんですけど、自分の発問、説明いかんによっては、重松の言うことと全く逆の印象を生徒に植え付けてしまうのではないかと思ったんです。だから、たとえば、確かに流れとしては明解なんだけど、ほの白いもの（教材文にある記述……筆者注）を、たとえば、何かおじいさんの魂と読み取っていくのは、先回りしすぎ、うがちすぎ、さわるのがこわ

いというのをどんなふうに誤解なく伝えたらいいかというところなんかは、もっと教材研究し（発問の精度を上げ……筆者補足）なければ。〉
〈筆者8：生徒がこう読んではいけないぞということを想定して教材研究するということにもなるんですかね。〉
〈X先生8：こう読んではいけないぞというところには気づけたと思うんです。今回は、でもそれを発問に落とし込む作業がうまくいかなかった、気づいたけど、それは実践には至らなかった。実は指導書に関連する作品が載っていて。祖父に先立ってお母さんが亡くなる話。命の重さという話と、生と死と、生活と人の生き死がどんなに乖離しているか、生への謳歌があれば、死への畏怖もしなければ。〉

　X先生は、重松清『タオル』を通して、最終的に、身近な肉親の死を畏怖して尊ぶという内容を学習者に読み取らせたいと構想していた。つまり、どういう方向に学習者の読みを導いていくのかという、深層レベルの読みの内容については明確に意識できており、課題はなかったと語る。ところが、実際の授業では、そうした読みに学習者を導くための発問が不十分であり、その結果、先生自身がやや強引な解釈を学習者に押しつけてしまったというのである。先生は、教材文「（祖父のタオルに……筆者補足）手を伸ばしかけたが、触るのがなんとなく怖くて、中途半端な位置に手を持ち上げたまま」といったあたりから、「少年」の心に「祖父」の死を畏怖する感情が芽生えつつあることを学習者に把握させるべきであったと振り返っている。ところが、発問がうまく構成されておらず、その直前の教材文「納屋のわきに、ほの白いものが見えた。祖父のタオルだった。」に注目し、この、タオルを指示するはずの「ほの白いもの」を「祖父の魂」と説明することによって、やや強引に、「少年」の心に芽生えた畏怖の情を学習者に伝えようとしてしまった。それが、〈ほの白いものを、たとえば、何かおじいさんの魂と読み取っていくのは、先回りしすぎ、うがちすぎ〉という語りに表れているのである。つまり、読みの学習目標と、その目標に学習者を導くための指導過程が発問を中心とする授業展開として十

147

分構成されていなかったことが課題だというのである。

　こうした、教材文の深層レベルの読みという目標への到達に発問がうまく機能していないという課題を解消するためには、教材文の表現にこだわり、目標と目標に至る発問のつながりの精度をさらに向上させることが必要だと語る。そうした課題克服のために〈どんだけ（読みの目標につながる……筆者補足）具体的な発問をイメージして教材研究するか、生徒の反応とか、発問した時の答えを想定して教材研究するかというところが足らんのかな〉というのである。

### 3.5.3.4.2 　【学習者の活動不足】批評を受けての語り

　X先生9の語りを受けて、インタビュアーである筆者は、以下のような問いかけを行い、それに対してX先生は教材文に即した具体レベルで回答した。

　　〈筆者10：この作品は、どうして生徒の活動では、先生の読み（目標としての読み……筆者注）に到達できないことばになっているんでしょうか。〉

　　〈X先生10：<u>それはやさしいからです、内容が。言葉遣いもやさしいし、一文も短い。</u>小学校の5・6年生が読んでも十分意味がわかる。<u>わかりやすい小説というのは、一通り読んで意味がわかったら、わかったと生徒は思ってしまう。</u>だから、わかりやすさで通過してしまうんじゃないか。これを生徒の理解にある程度委ねていくとすると、言葉遣いのレベル、言葉のレベルでわかったよわかったよ、最後、泣いたんだろう、泣かなかった子が泣いたんだろう、という（事件の流れのみをとらえる……筆者補足）感じで終わってしまう。もうちょっと、（教材文の表現が難解で……筆者補足）生徒が苦労しながら読む小説だったら、発問して考えさせて、そこの部分の意味を答えるというのが効果出てくると思うんですけど、（教材『タオル』のように……筆者補足）<u>こうシンプルでわかりやすい言葉について考えさせて、そのわかりやすい言葉の裏にある複雑さまで考えさせられるかなと</u>。よく

も悪くもレベルの高い子供たちだから、わかっているよ、こういう意味だろうというふうに済んでいく、いう部分があって、ここはこう読んだ方がいいのではないか、というサジェッションが小説の中で、小説の勉強の中でできたらいいかなと。どっちか言ったら、教えきったれと思ってやっている。そういう時間の配当しかないので。〉

　重松清『タオル』のように、内容がわかりやすく、平易な表現で書かれた教材文の場合、学習者の活動任せの授業展開では、深層レベルの読みに到達できないまま学習が終わってしまうことを、X先生は危惧している。自分が接している学習者の実態として、〈言葉遣いのレベル、言葉のレベルでわかったよわかったよ、最後、泣いたんだろう、泣かなかった子が泣いたんだろう〉といった、事件の流れをとらえるのみで、教材文を理解したつもりになる学習者が多いからである。事件の流れをとらえるレベルの表層的な読みでは、身近な肉親の死を畏怖して尊ぶという、深層レベルの内容を読み取ることは難しいのである。
　そうであるからこそ、わかりやすい表現の裏にある深層レベルの読みに学習者を導くためにも、教師が読みの到達点をそのプロセスも含めて提示するような説明的働きかけが必要だと語るのである。〈ここはこう読んだ方がいいのではないか、というサジェッション〉が求められるのである。

## 3.5.4　考察―授業スタイルに関わる授業実践知が具体化されるプロセス

　公開授業に対する同僚教師の批評を手がかりに、ある高校国語科教師による省察的語りを分析し、抽象レベルにあった授業実践知が具体化されるプロセスを分析してきた。本節では、できる限り教材文の表現に即して読むという授業スタイル、教師が教材文の読みを主導するという授業スタイル、それぞれについて、実践の文脈をふまえて具体化が試みられた。
　インタビューでは、授業批評会で提示された同僚教師の批評のうち2つの批評が取り上げられた。そのうち、【読みの恣意性】批評は肯定的に受

容され、授業改善に向けてその批評の文脈が発展させられる。インタビュー当初では、教材文の表現に即した読みができていなかったことについて、抽象レベルでの語りがなされた。今回の授業では、読み取らせたい学習目標に学習者を導く過程で、教師の強引な解釈を押しつけるような展開になってしまった。目標と指導過程（主に発問）とが教材文の表現を基に強く結びつくような教材研究ができていなかったため、読み進める過程に妥当性を欠いていたという。そして、学習者の現実の反応を想定しつつ、教材文の表現を基に、目指す読みと発問を中心とする指導過程とが有機的につながるよう、教材研究の質を高める必要があるという、今後の授業改善の見通しを得る。続くインタビューでは、実践の事実を根拠としながら対話が展開する中で、この抽象レベルの授業実践知が、教材内容に沿った具体レベルでとらえ直される。本教材では、身近な肉親の死を畏怖するというテーマを学習者に理解させたかった。ところが、そのテーマに読みを導くにあたって注目すべき表現を取り違えて解釈してしまった。それが【読みの恣意性】批評につながっているというのである。

　一方、【学習者の活動不足】批評は、今回の授業には当てはまらないとされ、その批評の文脈を反転し、その批評とは対立する立場から授業実践知が構築された。インタビュー当初では、話す・書くといった学習者主体の表現活動ではなく、教師の説明を聞くという理解活動こそが教材文を深層レベルで理解することにつながるはずだという抽象レベルでの語りがなされた。さらに続いて、この抽象レベルの授業実践知が、教材内容に沿った具体レベルでとらえ直される。今回の授業では、教材文の表現が平易であるがゆえに、学習者の表現活動に委ねるのではなく、教師の説明を聞くという理解活動によってこそ、深層レベルの読みに到達する可能性が開かれるとＸ先生は語る。つまり、教材文の表現性を見極めつつ、学習者の活動中心、教師主導などの授業スタイルを決めなければ、学習者の学びの成果を確かなものとすることはできないというのである。

## 参考・引用文献

秋田喜代美（1998）「実践の創造と同僚関係」佐伯　胖・黒崎　勲・佐藤　学・田中孝彦・浜田寿美男・藤田英典編『教師像の再構築』　岩波書店　pp.235-259.

秋田喜代美（2006）「教師の力量形成　協働的な知識構築と同僚性形成の場としての授業研究」21世紀COEプログラム東京大学大学院教育学研究科基礎学力研究開発センター編『日本の教育と基礎学力—危機の構図と改革への展望—』明石書店　pp.191-208.

秋田喜代美（2008）「授業検討会談話と教師の学習」秋田喜代美／キャサリン・ルイス編著『授業の研究　教師の学習　レッスンスタディへのいざない』　明石書店　p.130.

有沢俊太郎（1997）「国語科教師教育としての実践場面の研究」全国大学国語教育学会編『国語科教師教育の課題』　明治図書　pp.125-126.

ドナルド・ショーン著，佐藤　学・秋田喜代美訳（1983原著）（2001訳）『専門家の知恵』　ゆみる出版　pp.76-121.

藤原　顕・遠藤瑛子・松崎正治（2002）「遠藤瑛子実践における単元生成の文脈—国語科教師の実践的知識へのライフヒストリー・アプローチ—」全国大学国語教育学会編『国語科教育』52. pp.48-55.

藤原　顕・荻原　伸・松崎正治（2004）「カリキュラム経験による国語科教師の実践的知識の変容—ナラティヴ・アプローチを軸に—」全国大学国語教育学会編『国語科教育』55. pp.12-19

藤原　顕・遠藤瑛子・松崎正治（2006）『国語科教師の実践的知識へのライフヒストリー・アプローチ—遠藤瑛子実践の事例研究—』　溪水社

藤原　顕・今宮信吾・松崎正治（2007）「教科内容観にかかわる国語科教師の実践的知識—詩の創作の授業を中心とした今宮信吾実践に関する事例研究—」全国大学国語教育学会『国語科教育』62. pp59-66.

井上正敏（1966）「文学的教材の指導過程はいかにあるべきか」『教育科学国語教育』93　明治図書。なお、引用は（1993）飛田多喜雄・野地潤家監修『国語教育基本論文集成26国語教育方法論(3)指導過程論』明治図書　p.240. による。

勝見健史（2008）「教師の専門的力量を高める授業研究のあり方」人間教育研究協議会編『新しい学習指導要領　カリキュラム改革の理念と課題』　金子書房　pp.112-121.

Little, J.W. (2003) "Inside Teacher Community: Representation of Classroom Practice." *Teachers College Record,* 105, pp.913-945.

大槻和夫（1993）「解説」飛田多喜雄・野地潤家監修『国語教育基本論文集成26

国語教育方法論(3)指導過程論』　明治図書　p.484. p.487.
坂本篤史・秋田喜代美（2008）「授業研究協議会での教師の学習」秋田喜代美／キャサリン・ルイス編著『授業の研究　教師の学習　レッスンスタディへのいざない』　明石書店　pp.98-113.
佐藤　学（1996a）「授業という世界」稲垣忠彦・佐藤　学著『授業研究入門』　岩波書店　pp.118-122.
佐藤　学（1996b）『教育方法学』　岩波書店　pp.144-145.
澤本和子・お茶の水国語研究会編（1996）『わかる・楽しい説明文授業の創造―授業リフレクション研究のススメ―』　東洋館出版社
渋谷　孝（1971）「説明的文章の指導過程論」『教育科学国語教育』152　明治図書。なお、引用は（1993）飛田多喜雄・野地潤家監修『国語教育基本論文集成26国語教育方法論(3)指導過程論』明治図書　pp.329-336. による。
田近洵一（1976）「国語科指導過程論の検討」『国語科教育学研究』2　明治図書。なお、引用は（1993）飛田多喜雄・野地潤家監修『国語教育基本論文集成26国語教育方法論(3)指導過程論』明治図書　pp.304-307. p.315. p.325. による。
竹長吉正（2002）「読むことの指導過程論の成果と展望」全国大学国語教育学会編『国語科教育学研究の成果と展望』　明治図書　p.237.
鶴田清司（2009）「言語と教育―国語科の授業研究」日本教育方法学会編『日本の授業研究　上巻　授業研究の歴史と教師教育』　学文社　p.46.

# 第 4 章　実践でのつまずきを解消することによって構築される国語科授業実践知の諸相

　教師のふるまいに触発されて学習者が国語科教材文を読み深める。そうした学ぶ行為を支えているものが教師の授業実践知である。授業実践知によって、教師は学習者の主体的な読みを引き出すべく適切にふるまうことができる。

　本章では、中堅教師たちが保有する多様な授業実践知の事例を、教師たちの実践の履歴および実践の文脈に位置づけながら具体的に描き出す。つまり、ある教師は、初任期にどういう実践上のつまずきを経験したから、現在のどのような授業実践知を獲得するに至ったのか、など、現在の授業実践知のみならず、その知を獲得するに至った授業実践歴をも含めて事例の分析を行う。

## 4.1　発問技術を支える授業実践知

### 4.1.1　問題の所在

　ここでは、小説を読む国語科授業における教師の発問技術を支える授業実践知について、全体像とその全体像を構成する諸要素、およびそれら諸要素相互の関係性を解明する。そこで、ある高校国語科教師の事例を取り上げ、初任期から中堅期の現在に至る授業実践知の変容の様相を描き出す。学習者の学びを引き出しきれず実践につまずいた初任期における授業実践知と、学習者を主体的に学ばせることを可能にする現在の授業実践知とを対比的に描きながら、個人内の授業実践知が質的にどう変容したかを浮き彫りにするのである。それによって、学習者の学びを促す授業実践知の特質が明らかになるとともに、他の教師が授業改善に向けた省察を行う

際に活用可能な視座を提供できる。

　これは、次のような問題意識に基づいている。教師は学びの成立した授業を目指しながらも実現が容易でない状況に置かれている。そこでは、発問などの授業技術の熟達が重要な課題となる。学習者の学びの質は、教師による高度な授業技術が発揮されてこそ実現されるものだからである。

　本節では発問技術を支える授業実践知を明らかにするのであるが、種々の授業技術の中から発問技術に焦点化して分析を進める理由は、事例として取り上げた教師の授業実践知が発問技術を核として成り立っているからである。

### 4.1.2　調査の概要

　調査は、中堅教師を対象としたインタビュー調査を中心としつつも、そのインタビュー調査を補完するものとして、当該教師の授業ＤＶＤの視聴、当該教師作成の学習指導案等の実践資料の分析、当該教師の授業を受けている学習者（高校２年生）対象インタビューを行っている。

《研究協力者》近畿地方の公立高校に勤務する国語科教師Ａ先生に協力いただいた。Ａ先生は、教職経験が約10年あり、調査日現在において、進学・就職等、多様な進路に向けた教育課程編成校に勤務している。なお、前任校は、大学進学中心の教育課程編成校であった。また、Ａ先生は、学校管理者および学習者双方から優れた授業を実践しているという評価を得ている。

《調査時期》平成19（2007）年８月および10月に各１回インタビュー調査を実施

《調査の流れ》

(1)　授業を撮影したＤＶＤ、学習指導案、授業で活用したワークシートなどの授業実践資料を事前に受け取り、インタビュー質問事項を検討した。

(2)　教師対象インタビューと学習者対象インタビューを実施した。

(3)　インタビュー記録を文字化し分析した後、記述・解釈内容の妥当性

第4章　実践でのつまずきを解消することによって構築される国語科授業実践知の諸相

を高めるため、A先生と筆者とで、その内容について協同で検討した。

《インタビューの概要》

インタビューは半構造化インタビューとして展開した。

A先生対象のインタビューは、大きく次のような流れで進行した。まず、実践資料を参照しながら、ある特定の単元に込められた先生の意図をテーマとして始めた。学習目標に込めた意図、当該授業で用いた発問・ワークシート・評価言についてそれらを選択した必然性など、実践記録の背景にある先生の思いについて、学習者の実態と絡ませながら語っていただいた。続いて、先生の働きかけにもかかわらず学習者の学びが停滞してしまった過去の実践でのつまずきについて振り返っていただき、そのつまずきを解消するべく、現在に至るまで取り組んでこられたことを語っていただいた。

一方、高校生を対象とする学習者インタビューは、A先生の授業の中で印象的な授業を想起してもらい、その授業を受けることによって身に付けることのできた国語力について語ってもらった。

### 4.1.3　分析結果

教師対象インタビューの分析を中心としながら、それを補完するものとして、適宜、学習者対象インタビューを取り上げ、発問技術に関わるA先生の授業実践知の記述・解釈を進める。記述の方法として、以下の【　】は本節で鍵となる概念を、〈　〉はインタビュー・データからの直接引用部分であることをそれぞれ示す。また、インタビュー・データ引用部分における下線は筆者によるものである。

### 4.1.3.1　初任期の授業実践知

A先生の初任期における授業実践上のつまずきは、学習意欲の不十分な学習者に対応しきれなかった経験、学習者の反応を生かした授業展開ができなかった経験とに分類できる。

4.1.3.1.1　教材文にも教師である自分にも向き合おうとしない学習者に出会い、
　　　　　　授業展開がままならなかった経験

　先生のさまざまな働きかけにもかかわらず、学びの意欲を示さない学習者に困惑した経験である。

　　〈普段、指名しますよね。指名したときに、どうしても人前でしゃべるのが苦手な子、何をヒントに出しても言ってくれない、で、もう、こっちも当ててしまったが最後、言わさないとしかたないみたいになってきて、最終的に、誘導尋問みたいになってきて、どっち、右か左かみたいに（二者択一に……筆者補足）なってしまったり、〉
　　〈どうしても拒絶反応、国語に対して拒絶反応持っている子に、どうやって、集中させるか（中略）読む前から、ストーリーを知る前から、読む気がないっていう子も、何人か、やっぱりいますよね。（中略）（授業に……筆者補足）向けよう向けようとするんですけど、どうしても、やっぱり途中で、こう、くっとなってしまったり（机に伏してしまう……筆者注）とか、いますね。〉

　先生は熱心に国語科授業を展開しようとするが、学習者がその状況に入り込むことができていない様子が想像できる。授業は、教師主導の発問－応答により展開されていたようであり、国語授業に意欲的でない学習者に戸惑っている様子がうかがえる。主体的に教材文のことばへ向き合おうとする学習者集団ではないため、学習成果もおぼつかないものであったと推察される。

4.1.3.1.2　学習者の反応を教師の計画通りにはめ込もうとする展開に終始するあまり、発問―応答のやり取りを円滑に進めることができなかった経験

　発問に対する学習者の反応を柔軟に受け止めることができなかったため、指名された学習者が教師の求める答えを探し当てるというぎこちない授業展開に陥った経験である。

第4章　実践でのつまずきを解消することによって構築される国語科授業実践知の諸相

　　〈(教師に……筆者補足)なりたての頃ってどうしても、自分の用意し
　　てきた答えに、それを引き出そうと思って、なんかもう、誰か当てた
　　ら、その子と1対1みたいになってしまって、どうしても自分の持っ
　　てきた答えに誘導していくみたいな形で、周りの子は、もう、聞い
　　ているだけという感じになって、(中略)(発問に対する答えを……筆者補
　　足)絶対これじゃないとだめみたいなふうにすると、自分もしんどい
　　じゃないですか、生徒もなんか、ねえ、ゴール狭いし、昔はそんな授
　　業してたかな。〉

　教職経験が浅く、学習者の反応に対して柔軟な対応が十分できず、自分の授業計画に縛られ、授業展開に余裕のない様子が想像できる。ここでは、一部の学習者しか当事者意識を持ち得ず、その他の学習者が教師との関係を築けないまま授業が展開していくため、教室におけるすべての学習者を巻き込んでの授業ができていなかったようである。

#### 4.1.3.1.3　初任期におけるA先生の授業実践知を構成する要素

　授業は、教師が理想とする授業像を概念化した理念的知識と、それに向けて授業を展開していくための方法的知識とに基づいて実践され、教室における学びを生み出す。

　初任期のA先生は、授業は教師の働きかけに学習者が応答しながら展開されるという理念的知識を持っていた。

　　〈国語の授業というのは生徒が意見出してもらわないと進まないと思
　　うんですよ。〉

　そして、この、教師と学習者の応答関係を成立させるべく、【発問】という方法的知識が活用される。ただし、【発問】は、教師の教材文への関わり方に影響されて、問いの内容が決定される。この時期の先生は、教材文の読みを、細部の表現の意味を注釈的に読み解くことだとしていたため、発問の正答もかなり限定されたものとなっていた。

〈昔は、文章読む時に細かい言葉の解釈や意味などを、一つひとつ確認しながら自分も読んでいたし、生徒にもそれを要求していたところがあったんですけども、(中略) 発問の出し方にしても、昔は、「この言葉の意味は何ですか」と細かい聞き方をしたんですが、〉

こうした状況の中で、学習者の意識は、教師が求める、限定された正答を探し当てることへ向いてしまう。その結果、自分の考えが授業に生かされるとは限らない、先生の求める答えでないといけない、先生が後で答えを言うから自分で考えなくていい、といった雰囲気が教室に蔓延し、自ら主体的に教材文へ向き合おうとしない状況が生まれる。一方、教師も、予め計画した正答に束縛され、個々の学習者の反応を受け止めながら柔軟に授業を展開する余裕を失う。そのため、教師と学習者との応答が成り立たない状況に追い込まれたり、学習者は教師の計画した正答を追求することを余儀なくされ形骸化したぎこちないやりとりに終始したりすることが多くなる。

#### 4.1.3.2 中堅期(現在)の授業実践知

A先生の現在の授業実践知は、初任期とは異なり、理念的知識と方法的知識とがともに学習者を十分見据えたものとして構造化されるようになっている。

##### 4.1.3.2.1 理念的知識

A先生の現在の授業の特徴は、先生の授業を受けている学習者による次のような授業批評からうかがい知ることができる。

〈一つの文の中に凝縮されている、いろんな意味を全部出して結局はこうだった、実際読んでわからなかったけど、先生に言われて初めて気づく部分みたいなのが出てきたから、自分が普通に本を読んでいる時にでも、なんかよく考えるようになった。〉
〈自分が思っていることとまた人が思っていることが違うから、いろ

第4章　実践でのつまずきを解消することによって構築される国語科授業実践知の諸相

んな意見が聞けて、あ、こんなんがあるんだ、みたいな……〉

　以上の学習者による批評から、A先生の授業は、自ら主体的に考えながら文章を読み深めていく点、学習者同士での読みの交流を通じて自分の気づかない読みに触れるといった点に特徴があると言える。
　ここから、先生の国語科授業についての理念的知識は、【自発的な読み】と【読みの交流】という概念の循環関係によって成り立っていると解釈できる。これは、先生による次の語りからも裏づけられる。

　　〈こっちから、答え押しつけるというか、こういうことなんでと言っても、その時は満足してくれるかもしれないけれども、結局、自分の中で、本当に吸収してなかったら、いずれ忘れてしまうと思うんで、ちょっとでもいいから、こう、考え、その時考えてくれたら、〉
　　〈(授業では、……筆者補足) 当たっている子だけじゃなくて、周りの子が、意見、口挟んできたりとか、ちょっと、こう、つぶやいた言葉とかを利用しながら、今、だれか言ってくれたけど、こんな言葉使ってどうかなあとか、あ、そんな意見もあるんだなあとか言いながら、(学習者の反応を……筆者補足) いっぱいいっぱい結びつけながら、(授業が展開されることが理想である。……筆者補足)〉

　【自発的な読み】と【読みの交流】でA先生の授業が特徴づけられるという解釈は、A先生が授業を公開し、そこで他教科の教師からもらった次のコメントによっても裏づけられる。

　　〈こういう授業だったら、まず考えることに意義があって、その次、話し合うことに意義があって、最終的に人の意見の中からでもヒントを得て自分なりに答えをまとめるという、それがすごく、(中略) 今後まあ生きていく上ですごく大事なことだなあってなったら、すごい国語ってすごくいい教科だし、なんか自分が学生の時、この授業受け

159

たかったって言ってもらったのが、すごいうれしくて、〉

　先生の現在の授業では、一人ひとりの学習者が教材文に向き合い【自発的な読み】を作り、その【読みの交流】を図り、その交流結果を自ら再考し、当初の読みを修正・変容・再確認し、より高次の【自発的な読み】を構築するという【自発的な読み】と【読みの交流】の循環による授業が目指されている。

#### 4.1.3.2.2　方法的知識

　Ａ先生の場合、【自発的な読み】を構築させるためのきっかけとなり得る、教師からの【発問】が方法的知識の基盤に位置づけられる。つまり、教師からの発問に触発されるからこそ、学習者は、自力では到達できない読みを構築できるのである。ただし、実際の教室では、【発問】だけでは学びの成立は図られない。そこで、【発問】に応ずる学習者の発言を引き出すために、学習者の興味関心を惹起する【教材提示】のあり方、発言の作り方や発言の方法に関する教師の【発言補助】などの方法的知識が【発問】を支える知識として配置される。

　また、個々の学習者の生み出すそれぞれに異なる【読みの交流】がなされ、その交流の結果を【自発的な読み】の再構築につなげていくためには、教室で提示された種々の多様な読みの妥当性を評価する教師による【発言評価】も必要となる。

　これらの方法的知識は、相互に循環し合うことによって学習者の読みを高めていく。次に、各方法的知識の具体についての記述・解釈を試みる。

##### 4.1.3.2.2.1　方法的知識【発問】

　【発問】は、【自発的な読み】のための方法的知識の中核に位置づく。教師の読みを押し付けず、学習者が主体的に教材文へ向き合い、考え、読みを深めるという学びを引き出すのに必要である。先生の【発問】には、２つの特徴がある。

〇教材文の全体的理解に関わる発問を重視

第4章　実践でのつまずきを解消することによって構築される国語科授業実践知の諸相

　　〈最近は、(中略)全体として、その作品がとらえられていれば、で、そこから自分の考えとか、(中略)自分なりの意見などを持ってたら、そっちの方がいいかなあというふうに考え方が変わってきたので、発問の出し方にしても、昔は、「この言葉の意味は何ですか」と細かい聞き方をしたんですが、最近は段落を通してとか、作品全体を通して考えなかったらわからないような発問を用意するように意識しています。〉

　現在では、細部の表現の注釈ではなく、教材文のテーマに直結する、教材文の全体的理解を促す発問を重視していることがわかる。
　ところで、先生の授業を受けている学習者が〈先生に言われて初めて気づく部分みたいなのが出てきた〉といった授業批評を行っていることから、先生の教材文の全体的理解に関わる発問は、教材文のあらすじ確認レベルにとどまるものではないことがわかる。教材文に書かれてあることを根拠に、書かれていない意味を推論・創造する契機として発問が機能しているのである。このような発問の作り方について、先生は、次のように語る。

　　〈(人物の……筆者補足)感情、うれしいとか悲しいとか寂しいとかとはっきり書いてくれてたら、読んだだけでわかるじゃないですか。だけど実際の文章って(中略)何かこう、暗示されているとか、こう、何か、ぼやぁっとだけど何かをイメージさせるというような表現があったら、そこからいろいろ考えていけるかなあと思って。〉

　たとえば、葉山嘉樹「セメント樽の中の手紙」の授業実践では、恋人がクラッシャーに砕かれる際の「激しい音にのろいの声を叫びながら、砕かれました」という表現に注目させ、なぜ「のろいの声」を叫んだのかという発問が提示されている。女工の恋人がクラッシャーに砕かれる際に、「のろいの声を叫びながら、砕かれ」る事実はあり得ない。したがって、

「のろいの声」には、手紙の書き手である女工の感情が暗示されており、その書かれていない感情を読み取ることが教材文の全体（テーマ）理解につながるのである。先生は、女工の恋人が事故で亡くなったという事実（あらすじ）だけを読み取らせるのではなく、恋人の死を引き受けて生きていかなければならない女工の気持ちを推論させることを通して教材文の全体的理解を深めようとしているのである。

○問い方の異なる複数の発問を計画

　たとえば、先の、葉山嘉樹「セメント樽の中の手紙」の中のある授業場面で、先生は、恋人がクラッシャーに砕かれる際の「激しい音にのろいの声を叫びながら、砕かれました」という表現に注目させ、なぜ「のろいの声」を叫んだのかという発問をまず提示する。続いて、「悲鳴じゃないです。悲鳴を叫びながら死んだんではなく、のろいの声を叫びながら」と、別の表現での発問も試みている。こうした発問法について、先生は次のように語る。

　　〈いつも発問する時に気をつけていることは、なんで「のろいの声」と叫んだのかなあって、１回目聞きますよね。（中略）同じことを２回言っても、わからない子は何回聞いてもわからないですよね。だからその時は、１回目と違う言い方で言うように、いつもしているんですよ。〉

　こうした【発問】法の背景には、教師側から正解となる読みを押し付けるのではなく、学習者が【発問】を介して教材文へ向き合い【自発的な読み】を構築できるよう、教師として導きたいという考えがある。

#### 4.1.3.2.2.2　方法的知識【教材提示】

　教師が【発問】を工夫して学習者の【自発的な読み】を引き出そうと試みても、教材文の内容が、学習者の現実感覚から乖離し過ぎている場合は、学習者を教材文に向き合わせるための環境作りが必要となる。そこで、先生は、学習者の現実感覚に沿った教材理解を目指し、その方向に

第4章　実践でのつまずきを解消することによって構築される国語科授業実践知の諸相

沿った【教材提示】を工夫している。

　　〈できるだけ彼女らがわかりやすいような、たとえ話をするとか、やっぱり、（教材文に描かれた世界は、学習者が生きている現代と……筆者補足）時代が違いますよね、結構ね。だから、（中略）現代的な感覚でもいいから、（中略）本当は違うんでしょうけど、多少近いようなところで理解してもらえたらなあと思って、（中略）たとえてみたりとかしますけど、あと、まあ、漫画だったり、映画だったり（を活用して授業をしています。……筆者補足）〉

　先生自身、〈本当は違うんでしょうけど〉と語るように、学習者の現実感覚に合わせた【教材提示】は教材文の価値を損なうのではないかと危惧している。しかしながら、この方法は、教材文に向き合おうとしない学習者が少なくない現実において、学習者の【発問】への反応を促し、【自発的な読み】を引き出すという学習過程を遂行していくための必然的工夫として位置づけられる。

#### 4.1.3.2.2.3　方法的知識【発言補助】

　単語レベルの短い発言に終始しがちな現実の学習者から【読みの交流】に堪え得る【自発的な読み】を引き出すためには、【発問】への反応のさせ方が問題となる。先生は、次の2つの働きかけを心がけている。

　1点目は、グループ学習の机間指導の際に、グループ別に意図的にヒントを変え、多様な読みを意図的に引き出すというものである。

　　〈グループに分かれてする時に、私、同じ答え、ほっといたら（別のグループ同士の答えが……筆者補足）同じ答えになることが、あるじゃないですか。それだったら、つまらないなと思って、班によって、ヒント変えたりして（グループごとに答えが異なるようにして……筆者補足）いるんですよ。（中略）割と操作して、〉

2点目は、わかりませんという発言を禁ずるとともに、自他の学びの参考にするためにも、本文を根拠として引用しながら発言するよう、学習者を仕向けている。

　　〈とにかく、まあ、私が徹底しているのは、(中略)「わかりません」はバツ。(中略)で、正解いきなり言ってくれたらいいのだけれども、正解だけポンと、こう、単語で言うんじゃなくって、割と、こう、単語で答えてくるんですよ。だから、こうこうこうだからこう思うとか、こんな所からこういう風に感じたとか、割と長いフレーズで、かつ根拠を付けてしゃべるようには言ってます。〉

　この【発言補助】という方法的知識は、【教材提示】と同じく、【発問】への反応を促し、【自発的な読み】を引き出すための必然的な知識として位置づけられる。

#### 4.1.3.2.2.4　方法的知識【発言評価】

　これは、学習者の多様な【自発的な読み】を【読みの交流】に導くための方法的知識である。先生の【発言評価】の特徴は、次の2点にまとめることができる。

○学習者の読みの妥当性を追究

　教材文の価値を損なうおそれのある主観的な読みを退けるために、教材本文を根拠として、学習者の読みの妥当性を判断する。教師が、教室で提示される個々の学習者の多様な読みの妥当性を評価することによって、学習者は他者の読みを参考にしながら再度自分の読みを確立するという【読みの交流】と【自発的な読み】との循環による学びを成立させる。

　　〈ただまあ、でもあんまりにも40通りバラバラでオッケーというわけにもいかないし、(中略)根拠、はっきりとここにこう書いてあるから私はこう思うんだとか。好きとか嫌いとか、私はこの考え方が嫌いだから嫌とかって、そういうのはだめ。感情論ではなくて、(中略)

第4章　実践でのつまずきを解消することによって構築される国語科授業実践知の諸相

　　この後にこういうふうに続いているからここはこう読むべきじゃない
　　かとか、そういう根拠が説明できればオッケーかなあ。〉

○学習者の多様な読みを系統別に分類
　これは、表現は異なるが読みとしては同じ部類に属する読み同士をグルーピングし、教師がそれらの読みを統括する見出しを付けるというものである。

　　〈出してくれた（意見の……筆者補足）中から系統分けというか、似
　　ている意見をくっつけて、こういう考え方が１種類、こういう考え方
　　もあるし（と分類しながら授業を進めています。……筆者補足）〉

　たとえば、「セメント樽の中の手紙」の授業実践における、なぜ「のろいの声」を叫んだのかという発問に対する学習者の読みを評価する場面では、４点ほどの学習者の読みを「人命の軽視」と「過酷な労働」という２つの見出しで統括している。
　学習者の多様な反応を引き出さなくても、教師が説明すれば妥当性ある読みに支えられた授業は実践できる。しかしながら、【自発的な読み】をする学習者を育てたいというＡ先生の国語科授業の理念的知識と対応させて、この方法的知識を位置づけた場合、この知識の必然性を読み取ることができる。つまり、先生にとっては、教師によって限定された、妥当性ある教材文の読みだけが重要なのではなく、一人ひとりの学習者が自分なりの読みを構築するとともに、その読みに妥当性が伴っている限りにおいて多様性を認めていくことが重要なのである。

### 4.1.4　考察─授業実践知の変容

　理念的知識と方法的知識とから構成されるＡ先生の発問技術を支える授業実践知の変容（熟達）の様相を総括する。
　過去の理念的知識は、個々の学習者の学びの実態をイメージしながらの

ものではなく、教師が発問し学習者が応答するのが授業であるといった固定的なものの見方によって形成されていた。ところが、現在の理念的知識は、教師の働きかけにもかかわらず学習者の学びが成立しないという過去の実践でのつまずきをふまえ、学習者の学びの実態に寄り添うことができるよう複数の要素概念によって構成されている。主体的に教材文へ関わろうとしない学習者に向き合った経験から【自発的な読み】という概念を、特定の学習者との対応に終始し教室全体の学習者を巻き込んでの授業展開ができなかった経験、および、教師の読みに学習者を囲い込もうとして教師と学習者とのやり取りがぎこちなく形骸化してしまった経験から【読みの交流】という概念を、それぞれ編み出すとともに、両概念が相互に循環するという関係性も構築されている。

　また、方法的知識についても、理念的知識に連動した変容がある。つまり、学習者の学びの実態を捨象した抽象的な要素概念によって構成されていたものが、学習者の学びに寄り添うことができる概念に変容するとともに、各概念が相互に循環しつつ実践が展開するといった関係性が見出されるようになった。たとえば、【発問】は、過去の実践と現在の実践との両方に見出されるＡ先生の授業を象徴する中心概念だが、その質に違いがある。過去の【発問】は、教師―学習者の応答という理念的知識の実現を図るべく、教材文の注釈に関わって学習者へ教師の正しい読みを与える手段として機能していた。ところが、現在の【発問】は、教材文のテーマについて学習者の【自発的な読み】を引き出すために必然的な手段として位置づけられるとともに、【教材提示】【発言補助】といった他の概念との間で相互影響関係にある。

　したがって、Ａ先生の授業実践知は、教師が発問し学習者がそれに応答するという伝統的な授業形態を通じて教師が学習者に正しい読みを与える誘導手段としての授業実践知から、学習者の多様な読みを引き出し相互に交流させる学びの促進手段としての授業実践知へと、変容していると総括できる。

　ところで、「反省的実践家としての教師」（佐藤：1996）が求められる現

第4章　実践でのつまずきを解消することによって構築される国語科授業実践知の諸相

状では、省察という概念が重要となる。教師が自身の授業実践を省察することによって、授業改善を図るのであるが、そのためには、省察のための手がかりが必要となる。

その手がかりとして、井上（2005）や鶴田（2007）は、国語科教師の授業技術の向上に関する研究の中で、技術向上のための観点、換言すれば、技術を構成する要素とその具体内容を示している。こうした観点は、教師が授業を省察するときの参照項目として機能し、授業実践知を修正・補足し、実践を高めるための手がかりとなる。

しかし、教師は「状況の全体性」（宮崎：1998）を引き受けながら授業を実践する。したがって、たとえば、発問に習熟していない教師が発問という授業技術にだけ集中して省察を試みても技術が向上するとは限らない。自己の授業の課題領域だけでなく、課題領域と関連する他の領域をも含めた授業実践知の全体像を省察対象に据える必要がある。

そこで、他の教師の事例の全体像を参照するという省察のための手がかりが意義を持ってくる。「事例は、教師に、その事例と自らの経験を対照させて、経験をふり返る契機を提供できる可能性をもつ」（藤原・荻原・松崎：2004）からである。事例研究は、授業場面で選択され切り出された授業技術のみならず、教師がある授業を実践する必然性としての全体状況をもあわせて具体的に描き出す点に特徴がある。したがって、たとえば、発問に課題を抱える教師が、他の教師の事例の全体像に触れることによって、発問だけを省察対象に据えるのではなく、発問とそれに関連する他の事象との相互関係性の中で、授業実践知の全体像を修正しながら、発問という個別の課題解決を図ることを可能にする。

ここでは、発問技術にこだわって実践を積み重ねてきた、ある教師の語りを解釈することによって、授業という「状況の全体性」の中で機能する授業実践知の内容を1つの事例として概念化した。そこでは、学びが不成立の授業と学びが成立した授業とを対比的に取り上げ、授業実践知を理念的知識と方法的知識とに分け、それら2つの知識を構成する要素概念の内容を明らかにしつつ、それらの概念相互の関係性をモデル化した。

167

この成果は、優れた発問のあり方といったような、ある特定の授業技術に限定した実用的手段を示したものではない。また、特定の教師の実践の事実そのものを記述したわけでもない。ここでの記述内容は、実践でのつまずきを克服し、学習者の主体的な読みを促す優れた授業を実践するに至るまでの、ある国語科教師の成長過程を、1つのものの見方として提示した点に特色があると言える。

　多忙を極める現職教師は、ともすると、過去から現在に至る自身の授業実践の履歴を省察することなく、即効的手段としての断片的な抽象化された授業技術を追求しがちである。あるいは、授業改善に向けた前向きな展望を持つことができず、硬直化した実践を繰り返し、消極的な思考の袋小路に陥る教師もいるかもしれない。ところが、教師たちが本研究で示した個別事例の全体像に触れることにより、授業実践知の構造性を意識しながら、「状況の全体性」の中で自身の授業実践知を構成する個々の概念とそれらの概念相互の関係性を見つめ直し、その結果、授業改善につながる展望としてのものの見方を獲得することができるようになると考える。

## 4.2　学習者の世界観の深化・拡充を図る授業実践知

### 4.2.1　問題の所在

　ここでは、教材文の読みを通して学習者の世界観の深化・拡充を目指す、2名の中堅教師の実践事例を比較しながら授業実践知を描き出す。同一の高校に勤務する2名の国語科教師が授業実践上のつまずきをいかに克服し授業実践知を構築し得たのかを解明する。

　国語科教師は、「読むこと」の領域の授業において教室の学習者が教材文へ主体的に向き合い、読みを高めていくことを願って、授業を構想・実践する。しかしながら、学習者の学ぶ環境が整わなければ、たとえ、発問などの授業技術を断片的に磨いたとしても、学びを引き出すことは難しい。学びを導く授業実践知は、文脈依存的な知識だからである（佐藤：1997）。したがって、授業実践知の記述にあたっては、教師と学習者との

第4章　実践でのつまずきを解消することによって構築される国語科授業実践知の諸相

関わりを中心とした教室における出来事の全体性を描き出す必要がある。この点に関して、秋田（2004）は、「教師の知識は具体的なある特定の生徒たちとの経験を通して実際にどのように振る舞うかという個別経験に基づいて培われています。したがって、一般的な教授法の知識がどの先生にも役立つ、A先生の知識がそのままB先生の授業にも役立つといったことは必ずしも正しいといえません。（中略）したがって大事なことは、知識を共有したり交流していくためには、できるだけ具体的な実際の事例を通して理解し知識を一緒に形成していくことであ」ると指摘する。つまり、授業実践知は、抽象化された法則的知識としてではなく、具体化された状況的知識としてとらえることによって機能する知識であると言える。

本節で解明する授業実践知は、抽象化した法則的知識ではなく、国語科授業実践という具体的な文脈に位置づけられた知識である。こうした文脈依存的な授業実践知は、多くの教師たちにとって、抽象化された授業技術を断片的に実践へ適用して授業改善を図るという思考形態を改め、状況の全体性の中で実践のあり方を省察し直す機会となる。

また、ここでは、過去の国語科授業実践におけるつまずき経験を、現在の熟練した実践経験と対比しながら記述するが、過去から現在に至る一連の実践の履歴を見通すことによって、授業実践知の全体性および習熟過程をより具体的に描き出すことができる。

### 4.2.2　調査の概要

近畿地方にある同一の公立高校に勤務する2名の国語科教師を対象にインタビュー調査を行った。

《研究協力者》高校国語科教師X先生・Y先生に協力いただいた。X先生・Y先生ともに、教職経験が約10年あり、大学卒業直後より現任校（大学進学中心の教育課程編成校）に勤務している。なお、いずれの先生も、学校管理者より優れた授業を実践できる教師として高い評価を受けている。

《調査時期》平成19（2007）年9月および平成20（2008）年3月に各1回

インタビュー調査を実施
《調査の流れ》
(1)　過去に実践した授業の学習指導案、授業で活用したワークシートなどの授業実践資料を事前に受け取り、インタビューにおける質問項目を検討した。
(2)　教師対象インタビューを実施した。
(3)　インタビュー記録を文字化し分析した後、記述・解釈内容の妥当性を高めるため、X先生・Y先生と筆者とで個別にその内容について検討した。
《インタビューの概要》
　　インタビューは半構造化インタビューとして展開した。
　　インタビューの流れは次の通りで、2人の先生とも同じである。まず、現在の実践をできるだけ具体的に思い出していただきながら、理想としている授業像、さらには理想の授業を実現するために手立てとしていることを語っていただいた。続いて、教師の働きかけにもかかわらず学習者の学びを引き出すことができなかった過去の実践のつまずきを振り返っていただき、さらに、そのつまずきを克服するために取り組んできたことを語っていただいた。

### 4.2.3　分析結果

　授業実践知とは、実践経験によって培われ、かつ、個々の授業技術のみに還元できない、さまざまな領域に及ぶ複合的知識である。したがって、発問や板書といった授業を展開していくための方法に関わる知識（以下、方法的知識と記す。）を取り上げるだけでは不十分である。方法的知識を背後で支える実践の文脈（たとえば、どのような授業を理想としているか、過去の実践におけるつまずきをどう意味づけているか、学習者の学びの実態はどうであるか、など。）を含めた経験知の全体性を描き出す必要がある。
　経験豊かな教師の授業実践知は、法則化された、実践の文脈の伴わない対症療法的知識とは性格が異なる。自分の理想とする授業を志向し、教室

第 4 章　実践でのつまずきを解消することによって構築される国語科授業実践知の諸相

状況に合わせながら、種々の方法的知識を駆使して授業を展開しているからこそ、学習者の豊かな学びが結実しているのである。

以下、X先生とY先生それぞれについて、授業展開における特徴的な方法的知識を取り上げた後、それらの方法的知識が確立した背景となる、それぞれの先生固有の経験的文脈を記述することにより、授業実践知の全体像を示すこととする。

なお、インタビュー・データからの直接引用箇所は〈　〉で表記している。

### 4.2.3.1　X先生の事例
#### 4.2.3.1.1　方法的知識の特徴

X先生は、国語科「読むこと」の領域の授業において、教材文の読みを、〈意味が分かるレベル〉にとどめず〈考えるレベル〉に高めていくことを目指している。そうした理念を実現するために意識的に工夫している方法的知識として、先生は、〈発問の仕方〉〈記述解答の添削〉〈1時間で黒板1枚分（の板書）〉といった3つを取り上げる。

○〈発問の仕方〉は、授業の構想段階で気を配っていることである。

〈特にやっぱり思うのは、こっちが発問する、特にまあ、記述で答えなさい、僕、ノートに（答えを……筆者補足）書かせるんですけど、発問したことをまずノート書きなさいと言って書かせるんですけども、書かせるときに、生徒が、本当に困らないだろうか、（教師である自分は……筆者補足）結構わかったつもりで、実は（学習者が……筆者補足）文章にまとめにくい発問なんかもあったりするんで、実際まあ答えやすい形で発問できているかどうかを、ちょっと試しに書いてみるとか、特に、発問の仕方に割く時間が長いですかね。（中略）まず、一言、単語では答えにくい発問にするというのが1つ思うことですね。ある程度、短くても、ある程度、文章でしゃべらないといけない、答えないといけないような発問を作るということと、あとは、あ

171

る程度、どんな学力の子でも比較的たどりつきやすいような、教科書の言葉とか、そういったものをまとめる、というふうな答えになるような、あんまり飛躍もし過ぎない、簡単過ぎもしないというようなところで、難易度の調整と言ったらおかしいですけど、そのあたりの工夫というか、（発問を……筆者補足）考えるポイントはそこだと思います。〉

　先生は、ある特定のタイプの発問を重視していることがわかる。つまり、教材文のことばを直接引用するだけで答えられる短答形式の発問ではなく、教材文を根拠としつつも、まとまった表現を学習者自らが組み立てあげる、思考を要するタイプの発問を重視していることがわかる。さらに、発問を組み立てる際に、クラス全体の学習者の様子を振り返り、彼らの学びを引き出すにふさわしい問い方の吟味を重ねていることもうかがえる。
○〈記述解答の添削〉は、授業展開上の工夫としている。

　〈授業中の工夫って、まあ、工夫というほどのものではないかもわかりませんけど、生徒に、とにかく、考える力をつけさせるというのが目標なんで、僕が正答を前に書いて（板書して……筆者補足）答え合わせしろという形ではなくて、子どもに書かせて、それをみんなの前で添削すると、記述解答の添削を、まあ、合間合間に、１時間に１箇所ぐらい、まあ入れるというのが、まあコンスタントに取り組んでいる、まあ、工夫と言いきれないと思いますけど、まあまあ、そういうことぐらいですかね。〉

　〈記述解答の添削〉とは、学習者が板書したものを教師が読み評価し、場合によっては、それらの修正を図る行為である。教師が予め用意した正答を示し、学習者がそれを教材文の正しい読みとしてそのまま受け入れるような場合と比べて、学習者の考える活動は賦活される。そこでは、読み

第4章　実践でのつまずきを解消することによって構築される国語科授業実践知の諸相

の結果よりも、教材文を読み深める過程が学習指導の対象となるため、学習者は必然的に教材文にこだわって読みを吟味せざるを得なくなる。
○〈1時間で黒板1枚分（の板書……筆者補足)〉も授業展開上の工夫である。その板書内容について先生は次のように語る。

　　〈確かにまあ黒板1枚書く中で、意味が分かる（教材文の表面的な意味が理解できる……筆者補注）というレベルでメモ書きしておきたいことも当然書いてありますし、ここから先は自分で考えてというふうな、発問だけを書いて、そのあと、僕が（発問の答えを……筆者補足）書いてないというふうな部分もあったりするんですけど、（中略）中には、生徒に解答を委ねたところとか、生徒に書いてもらって添削したところとか、複数の答えを書いて、オープンエンドにしたところとか（があります……筆者補足)。〉

　発問だけでその解答は板書しない、〈記述解答の添削〉に関わる板書をする、複数の解答を板書する、これらの内容が、教材文の読みを〈考えるレベル〉に高めるために行っている、先生の板書内容の中心である。板書にも、教師が提示する1つの正答を無批判に受け入れるのではなく、学習者が主体的に考え判断する活動を促す仕掛けが施されている。
　これら、〈発問の仕方〉、〈記述解答の添削〉、〈1時間で黒板1枚分（の板書)〉といった方法的知識は、いずれも教材文の読みを〈考えるレベル〉に高めていくための知識として相互に関係づけられている。考える活動のきっかけとなる発問によって考えるきっかけを与えられた学習者は、〈記述解答の添削〉場面において、クラスメートの反応に触発されつつ、考える活動を具体的に進展させたり、自らの考えを修正したり、未知の発見をしたりするであろう。そして、学習の軌跡として教室の板書を目にすることによって、再度、自らの考えを振り返ることになるであろう。いずれにしても、学習者が、教師の示す正答に依存して考える活動を停止してしまわぬよう、方法的知識の配置に工夫を凝らしていることがわかる。

#### 4.2.3.1.2　方法的知識獲得の背景

　これらの方法的知識は、教育学研究成果などとして提示される抽象理論を恣意的に選択したものではなく、X先生自身の実践経験を基盤として確立された経験知である。これらの方法的知識は、過去の実践におけるつまずき、および、そのつまずきを淵源とする国語科授業理念に裏打ちされた知識である。

##### 4.2.3.1.2.1　授業実践におけるつまずきとその克服

　X先生の国語科授業実践におけるつまずきと、その課題解決のあり方は、以下の2点にまとめられる。
○教材文に感情移入しすぎ、学習者に教師の読みを押し付ける授業展開となってしまった経験

　教師の働きかけに触発されつつ学習者が教材文を主体的に読み進めるのではなく、教師の読みを学習者に一方的に受け入れさせようとする授業をしてしまった初任教師時代の経験を、X先生はつまずきとする。

　　〈(実践でのつまずきとして……筆者補足) やっぱり一番印象に残っているのは、「永訣の朝」(詩集『春と修羅』に収められている宮沢賢治の作品……筆者注) とか、ああいう詩をする時に、自分の感情移入が強すぎて、生徒に鬱陶しがられたのではないかと、「この作品ってどうでしょう？すばらしいでしょう？」と、先生に言われてしまうと、子どもらが鑑賞する自由というか余地を奪ってしまうだろうなと、だから、この教材はいい教材だから、きっちり教えきらないといけないのだと思って、力入りすぎて、まあ、今風のことばで言ったら、うざかったんだろうな、子どもらにとっては。だから、心配したことと言ったら、感情移入しすぎて、ちょっとまあ、くどかったり、押し付けがましい展開になったことがあるのと、(中略) (先生が教材文に感情移入した授業をした時の学習者の様子は……筆者補足) どんどん静かになっていきましたね。なんか、自由な意見というか、発問して自由にコメントできるような雰囲気というか、空気を奪ってしまったのだろ

第4章　実践でのつまずきを解消することによって構築される国語科授業実践知の諸相

うな、今だから、ある程度、こうやってことばで説明できるんですけど、その当時（初任教師時代……筆者注）は何で（学習者が……筆者補足）静かになっているかもわからんし、という状況だったんです。〉

　こうした正答伝達型の授業がつまずきたり得る理由を、先生は学習者の学びの停滞に見出している。つまり、〈どんどん静かになってい〉く学習者たちから、〈鑑賞する自由というか余地を奪ってしまう〉、〈自由な意見というか、発問して自由にコメントできるような雰囲気というか、空気を奪ってしまった〉ことによって、考えながら教材文を読むという主体的な学びが実現できなかったと分析的に語っている。
　そして、このつまずき克服のための取り組みとして、〈淡々〉とすることの重要性を指摘する。

　〈よく俳優さんなんかが、教科書の朗読とかする時には、淡々と読みはるわけですよね。で、ぼくら、小学校の時から、たとえば、クラスで劇しますだったら、本読みしますと言ったら、感情込めてかぎ括弧のところは読むんだみたいな、そんな気持ちで大きくなってきた部分ってあると思うんですけど、（逆に……筆者補足）実際、人に何かを、こう伝達しようとする時に、淡々といくことで相手に、たとえば、読解だとか思考だとかを、こう委ねていくというか任せていくというようなことをしようと思ったら、ある程度、そういう淡々とした感じというのはいるんかなあと思うんです。たとえば、ほんとうに、一つ目のさっきの失敗例につながっていくんですけど、あんまり自分の中で盛り上がりすぎない、押し付けがましくならないように、比較的まあ、冷静に教材と向き合うようになろうと、（中略）淡々とシビアにいく感じというのは崩したらいかんのかなと、（中略）たとえば、自分が大学で勉強してきたような知識なんかを伝えきらないというか、（中略）何か、習ったら教えたくなってきて、たぶん、そういうのを言いたくなってきたら、あ、冷静さを欠いてきたなと（中略）こ

れはもう好きな者の趣味の領域に入ってきていると、いうふうなあたりで、はっと気づきますね〉

　学習者に〈読解だとか思考だとかを、こう委ねていくというか任せていくというようなことをしようと思ったら〉、教師である自分が教材文に〈淡々〉とした態度で向き合うことが必要であり、それは、〈大学で勉強してきたような知識なんかを伝えきらない〉という行為として具体化できると、先生は自身のつまずき克服の見通しを立てている。
○学習者の発言を授業展開に生かしきれないまま教師の読みの枠組みに学習者を押し込めようとしてしまった経験
　発問に対する学習者の発言を、教師の準備した読みに近づけるように修正しすぎてしまった経験をも先生はつまずきとして振り返る。

　　〈(初任教師の頃は……筆者補足)自分の中で許容できる範囲、まあ、たとえば、発問した時の答えとしても許容できる範囲というのが、さじ加減がわからんかったので、些細なことでも訂正したりとか、改めさせたりとか、(中略)こっち主導(教師主導……筆者注)で意見を要約してしまうというか、特に黒板なんか書くときに、せっかく生徒に当てて答えてもらっているのに、そういうことばをうまく生かしきれずに黒板にまとめてしまっているとか、そういうのはやっぱり、始めのうち(教職に就いた当初……筆者注)は多かったように思いますね、今から思ったら。(中略)(その当時の……筆者補足)子どもらは、そういうことに慣れとったですね。そういう、ある程度、先生らがまとめてくるだろうと(中略)どっちかといったら、子どもらは、比較的すんなり、自分の言ったことが、ある程度、美しいコンパクトな日本語になって板書されていくのを、つい普通にというか、ごくごく自然に受け止めとったなあというふうに思いますね(中略)逆に言ったら、ある程度、粗雑な言い方をしても、先生がまとめてくれるのだというふうな感じになっていたのかもしれない。だから考える授業というふ

第4章　実践でのつまずきを解消することによって構築される国語科授業実践知の諸相

うに、まあ、（X先生の国語科授業についての……筆者補足）スローガンをあげる中で、ひょっとしたら、まあ、自分がしていることは（学習者に……筆者補足）考えさそうと思っても考えるきっかけを奪っていたり（していたのではないかと思います。……筆者補足）〉

　先生は、学習者の発言を教師の読みに合う形に歪曲してしまう授業展開をつまずきとしているわけだが、こうした授業展開では、学習者は教師の正答に依存し、〈考えさそうと思っても考えるきっかけを奪って〉いるといった問題が発生すると語る。
　そして、このつまずき克服のために、先生は、発問に対する学習者の反応を評価する際の〈許容範囲〉を広げることで対応している。

〈あんまり細かすぎるような添削とか、訂正とか、まあそりゃあどうしてもねえ、大筋に関わるような肝心なことだったら直さないといけないと思うんですけど、比較的、ああそうか、そう思ったんだねというふうな、受容というか、そういう受け止め方の、まあ許容範囲というのを広くしようと、まあ、心がけてきた。それはまあ、読みの複数性というか読みがいろいろあることを、まあ、むやみに認めるつもりではないんですけど、比較的、まあ、その子が受け取った、その子なりのボキャブラリーで表現した答えを、ある程度尊重しないといけないなというふうな許容範囲というのが広がってきたかなあと思うんですね。〉

　先生は、学習者の反応を評価する〈許容範囲〉が狭かった当時における学習者の様子を、〈ある程度、粗雑な言い方をしても、先生がまとめてくれるのだというふうな感じになっていたのかもしれない〉と分析し、教師のまとめに依存して考えることをしきれていない学習者に課題を見出していた。そうした学びの状況の中で、先生が、学習者の反応を評価する〈許容範囲〉を広げているのは、自分の発言が尊重されるのだという自覚を学

177

習者に持たせることにより、結果として学習者自身の考える活動を賦活することにつながると考えたからである。

このように、X先生がつまずきととらえる2つの事象からわかるように、X先生は、学習者の学びと関連させながら、実践の適否を評価していることがわかる。つまり、学習者が教材文へ主体的に向き合い考えながら読もうとする学びが実現できていない状況を見極め、その原因を先生自身の授業展開に起因させてつまずきを克服しようとしている。

#### 4.2.3.1.2.2　つまずきを淵源とする国語科授業理念

上述のようなつまずきとその克服を経て、国語科「読むこと」の授業に関わるX先生の授業理念が確立される。学習者一人ひとりが、教材文へ主体的に関わり、考えながら読み深めることによって、教材文の内容に知的なおもしろみを感じ取り、結果として、世界観の深化・拡充を図る授業である。それは、教師の読みを無批判に受容する学習ではない。

国語科「読むこと」の授業を通して、学習者自身が〈本を読んでおもしろいなと思う〉ことの重要性を、先生は訴える。

〈一番入口のところで思うのは、本を読んでおもしろいなと思うかどうか（中略）自力で、ある程度、量のあるものを読んでいく時に、おもしろみを感じられるように、たとえば、こういうオーソドックスな教材の中から、読む時のおもしろさを感じるポイントというのはどこかとか、作品を味わう鑑賞のポイントというのはどこかというふうな勘所をつかんでもらいたいなと。たとえば、『羅生門』の「下人」であれば、途方に暮れてから、その行為に至るまでの、いきさつというか、葛藤みたいな部分とか、（中略）作品を味わう時に、どんなところに注意して読んだら作品としておもしろく読めるかというふうなところが一番入口として思うことですね。（中略）（作品を読むおもしろさについて……筆者補足）これから生徒たちが直面するであろう、いろんな挫折であるとか、トラブルであるとか、悩みとか葛藤みたいなものに、近いというか、そういうものを教材とした、題材としたような

第4章　実践でのつまずきを解消することによって構築される国語科授業実践知の諸相

　小説を読んで、たとえば、親近感を抱くとか、一応、自分よりも先に悩んだ人のモデルケースとして、こういうふうな時に人はこうやって悩むんだなというふうな、自分よりもちょっとまあ身の丈何センチか上の大人の姿みたいなものを読むところがおもしろいのではないかなと思うんです。（中略）（一方……筆者補足）評論を読む楽しみというのは、常に生徒にも言うんですけど、新しい視点を獲得できる、楽しみだと、（中略）評論をたくさん読みためていくことによって、自分の中に読みためていくことによって、たとえば何かものを書かなければならない、小論文を書かなければならないとか、人前でしゃべらなければならないという時に、自分がこれまで持ち得なかった新しい視点をもたらしてくれるのが評論だと。だから、いくら自分で一生懸命悩んでも新しい視点というのはなかなか出てこない、何かその触媒となるものというか、触発されるものがいるわけで、その触発されるものとして評論を使ってくれと、まあ言うんですけど。〉


　〈本を読んでおもしろいなと思う〉ためには、おもしろく読むための読み方に自覚的になる必要がある。そこで、先生は、〈読む時のおもしろさを感じるポイントというのはどこかとか、作品を味わう鑑賞のポイントというのはどこかというふうな勘所をつかんでもらいたい〉と語る。そして、文章を読むおもしろさについて、小説であれば、人生の〈モデルケース〉に気づく、また、評論であれば、〈新しい視点を獲得できる〉ところに、それぞれのジャンルに応じたおもしろさがあると考えている。
　先生は、教材文をおもしろく読むためのプロセスとして、考える活動を重視している。新年度初めに配付する授業開きプリントには「考える現代文」という見出しが掲げてあるくらいである。考える活動の具体は、次の語りに表れている。

　　〈この授業の中では、最初のうちは、僕が君たちの心の中の声になって、君たちに授業の中で発問という問いかけをしていく、君らは答え

ていけばいいと。それがいずれ僕の手を離れて、自分らで自己内対話（自ら問い自ら答える……筆者注）ができるようになったら、まあそれが国語の、高校生の3年間の国語の最終的な目標ですよと……〉

　教材文について問い、その問いに答えるという、考える活動を学習者自ら展開できるようにする。その結果として、小説や評論といった文章のジャンルに応じた知的おもしろさを発見する。これがX先生の国語科授業理念である。

#### 4.2.3.1.3　X先生の事例の考察

　X先生が理念とする国語科授業は、学習者が主体的に思考し、その思考の結果を自らのことばで表現する、そうした学習場面を創造することである。そして、そのための方法的知識が、〈発問の仕方〉〈記述解答の添削〉〈1時間で黒板1枚分（の板書）〉といった授業展開に関わる知識であった。

　ただ、これらの方法的知識は、偶発的に選択されたものではなく、必然性があった。先生は、教師である自分自身が前面に出すぎて、学習者が主体的に思考し発言することができず学びを停滞させてしまった経験を持つ。そうした実践でのつまずきを経験した結果、教師の答えに依存するのではなく、学習者自身が主体的に考えることによって〈本を読んでおもしろいなと思う〉ことができる学習者を育てたいと考えるようになる。教師の読みに依存することなく、学習者自身が自由に思考し発言できるようにしなければならない、そうした強い思いの中で意識的に習熟した代表的な方法的知識が先に取り上げた、〈発問の仕方〉〈記述解答の添削〉〈1時間で黒板1枚分（の板書）〉なのである。

　したがって、先生にとっては、抽象化されたこれらの方法的知識そのものが重要であるわけではない。これらの方法的知識が、実践のつまずき克服と授業理念の実現とに結びついているからこそ意味を持つのである。

第 4 章　実践でのつまずきを解消することによって構築される国語科授業実践知の諸相

## 4.2.3.2　Y 先生の事例
### 4.2.3.2.1　方法的知識の特徴

　Y 先生の授業は、教師が主導する授業、グループでの学び合いの授業、学習者によるプレゼンテーションの授業など、種々の授業形態によって単元が展開される。ただし、学習者一人ひとりが考え表現すること、そして、学習者同士で考えた成果が交流されること、それぞれを単元全体のねらいの中心としている。そうした理想の授業を実現するための方法的知識としては、発問と学習者の発言の評価の 2 つが象徴的である。先生の授業の場合、教師主導の授業であっても、グループ学習主体の授業であっても、発問と学習者の発言の評価は必ずなされる。これら 2 つの方法的知識は、次のような内容的特徴を持つ。
○発問

　　〈私は、(中略) やっぱり、どんな話 (教材文……筆者注) でも、やっぱり全体像は必ず見るというか、(中略) それは結構意識しますね。だから、やっぱり、(発問の……筆者補足) 軽い重いも当然ありますし、(中略) やっぱり発問は前から順番 (教材文に書かれている順番……筆者注) ではなくて、全体を見て組み立てるようにはしているつもりですけど……。〉

　Y 先生の授業では、発問の〈軽い重い〉があり、容易に答えられる発問と十分な思考を要する発問とが提示される。前者は、教材文の表面的な意味を確認する発問と言い換えることができるが、こちらは後者の発問に取り組むための手がかりとして位置づけられている。一方、後者の発問は、教材文全体を見通しつつ、教材文全体のテーマ理解につながるような発問である。このように、思考の程度の異なる複数の発問を組み合わせることによって、学習者の思考表現活動の活性化を図っているのである。
○学習者の発言の評価

〈基本的に、明らかに間違いなもの以外は否定はしないです、確かに。で、なんでそう思ったのというのを（学習者に……筆者補足）聞きますね、まあ、もしずれていたとしても。で、たとえば、答えとしては、ずれていても、その発想の過程の中で、そんなにずれてないというか、スタートは、いい気づきだったりするので、そこに戻るようにはしてます。（中略）（それは、答えがずれていた生徒とやりとりをするのかという筆者の質問に対して……筆者補足）そうです。そうです。その子が無理だったら、他の子に代わって、（ずれたことを発言した学習者の発想の過程を……筆者補足）予測してもらったりもすることはあります。〉

　先生の授業は、基本的に学習者の発言を肯定的に受容し、それを生かしながら展開する。たとえ、発問に対する答えとして的を外している発言が出た場合でも、その学習者の思考の軌跡に寄り添いつつ、授業のねらいに向けて、その発言を位置づけ直して授業は展開される。
　これら、発問、学習者の発言の評価といった方法的知識は、学習者が主体的に教材へ関わり、思考した結果をことばで表現し、それを教室で交流させる授業を展開させるために、互いに連動している。学習者は、思考の程度の異なる発問によって段階的に教材文を読み深められるよう仕向けられる。あわせて、発問の答えに対する先生の評価を聞き、それまでの思考を振り返り、正しさの確認や軌道修正を行う。

#### 4.2.3.2.2　方法的知識獲得の背景

　Y先生の方法的知識もX先生同様、過去の授業実践におけるつまずき、および、つまずきを淵源とする国語科授業理念に裏打ちされた知識となっている。

#### 4.2.3.2.2.1　授業実践におけるつまずきとその克服

　Y先生の実践におけるつまずきと、その課題解決のあり方は、以下の2点にまとめられる。
○グループ学習で学習者たちの人間関係のひずみが表面化し学びを停滞さ

第4章　実践でのつまずきを解消することによって構築される国語科授業実践知の諸相

せた経験

　先生は、授業外での人間関係のひずみが影響してグループ学習が成立しなかった経験をつまずきとして位置づけている。

　　〈教育実習に遡るんですけど、（中略）「自分新聞を作る」という表現の活動だったんですかね、をしたんです。（中略）その中で、生徒を泣かせてしまったことがあって。というのは、それは私の把握不足だったんですけど、（中略）人間関係が固まっていないというか、やっぱり力関係があったりなかったりとかして、生徒の、なかなかそういうペア活動とかグループ活動、その時もしてもらったんだけれども、うまく、その輪に入れない生徒がいて授業中に涙してしまったという子が1人出て、（中略）一番大きな、こう、失敗の出発点かなと。でも、それを見た時に、ああやっぱり、単に授業するんではなくて、当然その子のことをいろいろ知っておくということも大切だし、そういうことをしない上で、安易に、いろんな活動を計画していくというのは、それは無責任なことだなというのはその時に（教育実習の指導教員から……筆者補足）教えていただいた。〉

　教育実習中にグループ学習に取り組んだが、学習者の学びを中断させてしまった。〈その（グループの……筆者注）輪に入れない生徒がいて〉グループ活動が遂行できなかったというのである。この原因を、授業で扱った教科内容や授業展開というよりもむしろ人間関係のひずみにあったと先生は推察している。この経験から、授業構想の前提として、学習者理解の重要性を認識するに至り、次のように語る。

　　〈そうですねえ、生徒の顔を見るといったら、おもねるわけではないんですけど、やっぱり生徒の様子を敏感に察知したりとか、授業もそうだけれども、それ以外のところでの話、会話とか、クラブでの様子とか、担任の先生との情報交換とか、そういうものは、当然しておか

183

なければならないことだなあというのはずっと思ってます。（中略）もちろん、教員間のネットワークというのは気をつけてます。（中略）気をつけてますし、だから、生徒の表情がいつもと違ったりすると、お互い話ができるようにというのはしてますし、様子がおかしかったら担任の先生に聞いたりとか、（中略）ただ、どうなんでしょうか、そういう、何か汲み取ってあげなければならない部分と、でも、なんて言うんでしょう、授業でしなければならない、生徒がどんなコンディションであっても、厳しく言わなければならないところもありますし、だから、やっぱり（学習者を……筆者補足）把握するというのは一番心がけてます。〉

　先生は、グループ単位での学びが緊張感を持って円滑に進むよう、学習者理解に努めている。ただし、それは、ただ単に学習者の置かれた状況を学習者の立場に立って共感的に理解するにとどまらず、国語科授業におけるねらいの実現に向けた学習者理解なのである。国語の学びが少しでも進むよう、最善のグループ学習を実現させるために学習者理解に気を配っている。

○教師が一方的に教材を読み進め、学習者が学びから逸脱してしまった経験

　もう1つのつまずきは、考えるきっかけとしての発問が十分練れていないまま教師主導で授業を展開した経験である。

〈（学習者が……筆者補足）よく寝てくれる授業をしてしまった時とか、（中略）やっぱり、生徒が自分で考えようと思うきっかけを与えないまま（教師が……筆者補足）しゃべってしまうとだめだなというのは……。それ（学習者が考えるきっかけ……筆者注）を失してしまうと、どこ吹く風になって、もう、つい（黒板を……筆者補足）写す、おもしろくないから休憩するとか、（中略）悪い生徒じゃないんで、べらべらしゃべったりとかはしないんですけど、まあお休みしたりと

第 4 章　実践でのつまずきを解消することによって構築される国語科授業実践知の諸相

か、きょろきょろしたりとか。〉

　学習者が〈よく寝てくれる〉〈お休みしたり〉〈きょろきょろしたり〉といった、国語の学びに集中できない状況を作ってしまったことをつまずきと認識している。こうした現象が生まれる原因について、先生は、教師が主導するという授業形態そのものだけに問題があるととらえているわけではない。〈生徒が自分で考えようと思うきっかけを与えないまま〉教師が一方的に教材を読み進めるといった授業展開のあり方に原因があるととらえている。このつまずきを克服するためには、学習者を学びへと駆り立てる授業場面作りが課題となるわけだが、先生は、発問と、それに対する学習者の反応の交流を重視している。

　　〈(考えるきっかけを与えるために……筆者補足) いつもいつも深く考えてもらうことはちょっと難しいと思うし(中略)でも、たとえば、この時間で、ぜひここは考えてほしいという質問については、発問をする、全体にする時に、なるべくは、その、答えに移る前に、何らかの発言がいろんなところから出るようにしたいなあとは思ってるんです。(中略)聞いた上で、じゃあ自分なりの答え作ってみようかと、したいなあというのはいつも思いますねえ。その大事な質問に関しては。〉

　学習者が教材文に向き合って考えを深めるためには、きっかけが必要である。先生の場合、考えるきっかけは、〈この時間で、ぜひここは考えてほしい〉という教師による発問と、〈何らかの発言がいろんなところから出る〉という学習者同士での意見交流である。教師によって提示された発問の答えを追究する、他の学習者の意見に触発されて自分の意見を再考する、といった考える活動を賦活させることによって、学習者を学びに向き合わせようと試みているのである。

#### 4.2.3.2.2.2　つまずきを淵源とする国語科授業理念

　Y先生が取り上げた2つのつまずきの共通点として、学習者の学びの停滞が挙げられる。先生の働きかけにもかかわらず、学習者が学びを遂行しない状況である。先生は、そのようなつまずきをふり返りながら、学習者の主体的な読みを引き出す授業を目指す。先生は、理想の授業像について、次のように語る。

　　〈ひとつは、生徒自身が自分の頭を使う。自分のことばを使って考えて、それを表現する、まあことばですかね、こう編み出して、それを他の人にも発信していく。で、それを聞きながら、他の子が自分の意見と照らし合わせながら、知らなかったことに気づいたりとか新しい観点に気づいたりとか、もしくは、自分が今まで思っていたことを時には修正したり深めたりできるようなものができたらいいなとは思うんです。で、もうひとつ（中略）たとえば、意見を言っても大丈夫だとか、受け入れられる、何を言っても認めてもらえる関係作りとか（中略）やっぱり周りとの、よりよい関係というか、を、こう作り上げていくことも大事だなあというふうに思います。〉

　先生の理想とする授業は、〈知らなかったことに気づいたりとか新しい観点に気づいたりとか、もしくは、自分が今まで思っていたことを時には修正したり深めたりできる〉読みを、一人ひとりの学習者が、自ら考え、交流し合うという、学習者が内面的にも外面的にも活動的になる授業である。そして、学習者が活動的である結果として導かれるのが、世界観の深化・拡充である。活動が形式的儀式的でないようにするためにも、活動の結果としての、世界観の深化・拡充が重要なのである。また、そのような授業は、学習者同士の学び合いが教室の中で成立することが不可欠であり、それは良好な人間関係に基づいて、学習者同士のことばによる関わり合いがなされることが必要である。そのため、上の語りでは〈意見を言っても大丈夫だとか、受け入れられる、何を言っても認めてもらえる関係作

第4章　実践でのつまずきを解消することによって構築される国語科授業実践知の諸相

り〉と、学習集団作りの重要性にも言及しているのである。

なお、世界観の深化・拡充について、次のように踏み込んで語っている。

〈(国語の学びを通して目指すのは……筆者補足) 自分が生きていくということに関わる、ひょっとしたら自分の弱い部分とか、場合によっては触れられたくないところもあるかもしれないけれども、やっぱりそこに向き合えたりとか、もしくは、自分と自分がいる世界との関係を考えてみるとか、(中略) というふうには思うんですけど……〉

学習者がそれまで積極的に関わってこなかった世界へ足を踏み入れる、あるいは、現在の自分を取り巻く自明の世界を相対化し新たな世界観を確立するといった方向で、Y先生は、国語科授業を通じた学習者の世界観の深化・拡充を目指す。

#### 4.2.3.2.3　Y先生の事例の考察

Y先生の国語科授業の特徴は、学習者が教材文へ主体的に関わり、考え表現する学習活動の結果、学習者同士で教材文の読みを交流するという形態に表れている。そして、そのような形態の授業を実現するための方法的知識として、発問と学習者の発言の評価に焦点を絞って実践を重ねてきたという経緯がある。

ところで、これらの方法的知識が磨かれてきた背景には、学習者の学びを停滞させてしまったという実践でのつまずきがある。先生の場合、学習者が十分理解できていない状況でグループ活動を組織したこと、学習者の学びを引き出す発問が練れていない状態で授業を進めてしまったこと、がつまずきの原因であった。そして、そうしたつまずきを克服するために必要なことは、学習者を十分理解すること、発問を吟味すること、だけでなく、学習者の活動の先にある、世界観の深化・拡充を見据えて授業を実践することであった。

授業は、そもそも、学習者を十分に理解した上で、理想の授業像と照ら

し合わせて、その内容と方法が必然性を持って計画・実践されるものである。種々の授業技術を、実践の文脈との関係がないまま恣意的に実践へ適用するというものではない。学習者の学びの文脈や教師が理想とする授業像との結びつきが弱いところで、ある特定の授業技術だけが無作為に選択・適用された場合、学習者の学びを十分に引き出す授業となる保証はない。Y先生の語りを見る限り、授業展開に関わる方法的知識は、実践のつまずき経験から培われた理想の授業像と緊密に結びついていることがわかる。

### 4.2.4　考察―授業実践知の必然性

　本節で事例として取り上げたX先生・Y先生とも共通して、学習者が既有する世界観を広げたり深めたりする教材文の読みを理想としつつ実践に励んでいる。ところが、両先生がその理想とする授業を実現するために活用する授業技術に関わる方法的知識には、それぞれの先生独自の実践の文脈が裏うちされている。

　そもそも授業実践において、教師は、多種多様な授業技術に関わる方法的知識を駆使しながら授業を展開する。先行する学術研究や授業実践報告を見る限り、授業技術は膨大な数にのぼる。また、ある特定の授業技術が、どの教室の授業にも普遍的に効果を発揮するということもない。したがって、授業技術そのものを取り出すだけでは、その実践的活用が図られないという限界がある。このことは、優れた教師の卓越した授業実践知をとらえる際に、ある1時間の授業を観察するなどして、どのような授業技術で授業が実践されているかを平面的に分析するだけでは、不十分だということになる。教師は、学習者の実態をはじめとする諸々の状況を見極めつつ、授業技術に関わる多様な方法的知識の中から、必然的な知識を取捨選択して実践に臨んでいるからである。ある教師の授業が、学習者の学びを引き出す優れた授業だと評される場合、発問などの授業技術のみが注目される傾向があるが、優れた授業というものは授業技術だけが優れていれば実現できるものではない。学習者の実態に基づいた個別具体的な教室の

第4章　実践でのつまずきを解消することによって構築される国語科授業実践知の諸相

文脈を教師が的確に見極め、その文脈と教師の授業理念とを結び合わせたところから導き出される必然性をもった方法的知識だからこそ、授業の卓越性が保証されるのである。

　ここで取り上げた2名の国語科教師は、方法的知識それ自体はそれほど特異なものではない。しかしながら、各々の教師の授業を通じて学習者が世界観を深化・拡充できているのは、方法的知識を教材文の主体的な読みを引き出す必然的状況のもとで駆使しているからである。その必然的状況とは、学習者の学びを引き出しきれなかった実践におけるつまずきを省察し、その経験を土台とした授業理念の構築に努めたことによってもたらされたものである。

## 4.3　主体的に教材文へ向き合う学習者を育てる授業実践知

### 4.3.1　問題の所在

　ここでは、学習者同士の相互交流活動を主軸とした授業を理想とする2名の中堅教師の事例を取り上げる。いずれの先生も、学習者の意識が教材文から乖離し学びが停滞してしまうという実践でのつまずき経験から、教材文を主体的に読み深める学習者の育成の重要性を認識し、学習者同士の相互交流活動を組織することによって、授業改善の見通しを得ている。

　ここで明らかにする授業実践知とは、実践の文脈とは関係のない普遍性一般性を特徴とする理論知ではなく、個別教師が教室での実践の蓄積によって形成した経験知として位置づけられる。経験知の重要性については、たとえば各学校で行われる授業研究に関わって、「これまで多くの学校で行われてきた授業研究は、研究の立場からは一般性の追究、実践の立場からは優れた授業を自分の授業へ取り入れることを中心的な課題として行ってきた」が、これからは、「教師のそれまでの経験や体験の文脈の中からの経験的基盤に依拠した、具体的事例としての授業研究」に転換していかなくてはならないという（髙木：1997）。教師の経験に基づく事例が、

授業改善の手がかりとして機能するということである。
　ここで取り上げる授業実践知は、実践の事実そのものを提示したものではなく、実践の事実を成り立たせるための基盤となる、個々の教師が理想とするものの見方である。したがって、その成果が普遍的一般的に妥当かどうかが問題となるが、ここでの研究成果は、広く、さまざまな教室での実践に適用できるというのではなく、他の教師が授業改善に向けた省察をする際の視座を提供するという点で妥当性を持つ。つまり、ここで取り上げた教師の事例をそのまま機械的に別の教師の実践へ適用しても授業改善につながるわけではない。本事例で取り上げた教師たちと似たような課題を抱えている教師が、自分の実践の文脈を省察し、自分ならではの授業実践知を構築していく際の道しるべ的な効果を本節で取り上げた事例は持つのである。

### 4.3.2　調査の概要

　近畿地方にある、2つの公立高校に勤務する2名の国語科教師（I先生・J先生）を対象にインタビュー調査を行った。いずれの先生も、学習者の主体性を尊重した国語科授業を精力的に実践している。

《研究協力者》I先生は教職経験を約20年持っておられる。調査当時は、大学進学中心の教育課程編成校に勤務していたが、それ以前には、中学校や、大学進学に限定されない多様な進路に対応する教育課程が編成された高校での勤務経験もある。J先生の教職経験は約10年である。J先生は、新任時より現任校（大学進学中心の教育課程編成校）に勤務している。

《調査時期》平成19（2007）年9月

《調査の流れ》

(1) 過去に実践した授業の学習指導案、授業で活用したワークシートなどの授業実践資料を事前に受け取り、インタビューにおける質問項目を検討した。

(2) 教師対象インタビューを実施した。

(3) インタビュー記録を文字化し分析した後、記述・解釈内容の妥当性を高めるため、Ⅰ先生・Ｊ先生と筆者とで個別にその内容について検討した。

《インタビューの概要》

インタビューは半構造化インタビューとして展開した。

インタビューの流れは次の通りで、2人の先生とも同じである。まず、現在の実践をできるだけ具体的に思い出していただきながら、理想とする授業像、さらには理想の授業を実現するために手立てとしていることを語っていただいた。続いて、教師の働きかけにもかかわらず学習者の学びを引き出すことができなかった過去の実践のつまずきを振り返っていただき、さらに、そのつまずきを克服するために取り組んできたことを語っていただいた。

### 4.3.3 分析結果

授業実践知は、一人ひとりの教師が向き合う学習者の現実と無関係に存在する抽象的普遍的な知識ではない。多様な学習者と関わる個々の教師の授業実践経験が反映された、文脈性の高い知識として表現される。教師の経験知の特徴として、「文脈独立の一般化した知識ではなく、自分の学級の生徒に合わせ、各教材内容に即した文脈固有の知識を豊かに持つ」、「教師の形成する知識は自分という主体を中心とし、具体的エピソードを含んだ形で保持されている」、「教師の個人差に注目し」、などの指摘がなされている（秋田：1992）。このように、教師の授業実践知は、実践の文脈を基盤とした具体レベルで概念化されるべきものと考えられる。

また、秋田（1992）では、「授業に使用する知識の特徴」として、「知識内容」「知識の表現」「信念」の3つの観点から、先行研究の総括が行われている。「知識内容」には、「教材や教科内容の知識」、「教授方法、学習者に関する知識」が含まれる。また、「知識の表現」については、「スキーマや命題のように抽象化された形式」のみならず、「授業を語る対話の様式」などによる新たな表現形式があるという。さらに、「信念」とは、「教

師の持つ授業観、教科観等の捉え方」で、個々の教師の授業のあり方を根底で規定する考え方を意味する。

　ここでは、個々の教師の実践の文脈をふまえつつ、上記（秋田：1992）による教師の知識の3観点を用い、授業実践知の概念化を図る。まず、教師の「信念」に関わる知識を明らかにする。続いて、教師の「信念」から引き出された、教材の扱い方や学習者理解、授業技術といった「内容」に関わる知識の具体化を図る。なお、事例の記述にあたって、「信念」を基盤に位置づけた理由は、教師の行動が「信念」に基づいて実践されるからである（秋田：1994）。そして、これら「信念」「内容」に関わる知識を概念化する際に、「知識の表現」の1つである、教師の経験世界の語りという形式を採用し、筆者が聞き手となって行ったインタビュー対話においての教師の語りを記述、解釈した。

　なお、以下の表記について、〈　〉内の記述はインタビュー・データの引用、〔　〕内の記述は各先生が作成した学習指導案等の実践記録からの引用である。

　ところで、ここで取り上げる2名の先生は、ともに、インタビュー前年度に教育委員会が主催したPISA型読解力に関わる教員研修を受講し、その影響を受けている。したがって、インタビューでの語りは、PISA型読解力の考え方に沿ったものが構築されている。

### 4.3.3.1　I先生の事例
#### 4.3.3.1.1　「信念」に関わる知識

　I先生は、教室の学習者が主体的に教材文へ関わり、相互に問い、答え合う国語科授業を理想としている。

　　〈生徒がしゃべる、生徒が発言をする、それから、生徒が問いかけたり生徒がそれに対して答えたりという、とにかく、まあ、生徒が、もっとしゃべる授業というのをしたいなあとは思っている、（中略）議論が、（教材文の……筆者補足）1つの解釈にしても、こう、出てく

第4章　実践でのつまずきを解消することによって構築される国語科授業実践知の諸相

るのが理想だとは思うんですけど、〉

　こうした、学習者の主体的思考・表現活動を前面に押し出した授業を理想とするに至った背景には、受動的で表現力不足という学習者の実態があった。学習者たちは、単語レベルで答えられる発問には答えるが、それは教材文を断片的に読むことにとどまる。教材文を全体として読み深め、まとまった考えを持つまでには至っていなかった。

　　〈どうしても、一問一答になりがちな、授業形態としてはなりがちで、何とか、生徒が、もうちょっと長い文章で長い時間しゃべる授業を（したい……筆者補足）というのはあったんですけどね。とにかく、（学習者を……筆者補足）しゃべらせたい、この子たちは割としゃべる子たちだったんだけれども、授業で疑問に思ったり、思ったことは質問する子たちなんですけれども、まとまって考えて自分で考えたことをみんなに伝えるとかみんなに問いかけるとかという活動はあまり得意ではなかったんで、〉

　I先生が理想とする、まとまった考えを発表し合うという学習者主体の授業は、PISA型読解力を意識した授業イメージとして、具体化される。

　　〈まずPISAありきなんです。そういう授業を、とにかくしなければとか、したいというのがあって、何とか生徒に、情報の取り出しとか、そういうことをさせるためにということで、〉
　　〈何とか生徒が考える、生徒が読み解く。で、生徒主体の授業を何とかできないものかということで、PISA型とか、モデルはいろいろあると思うんですけど、（中略）生徒が非常にくいつきやすいということで、（PISA型読解力理論を授業に取り入れています。……筆者補足）〉

　I先生は、教師の設定した正答を教室全体で探りあてていくといった教

師と学習者のやり取りが一問一答形式で展開する授業を極力抑えようとしている。そうした授業では、学習者の主体的な読みが交流されることはないからである。そこで、PISA型読解力調査における、文章を読む行為のプロセス全体を学習者に体験させようと試みる。つまり、教材文に書かれた情報を取り出すことから始めて教材文を適切に解釈し、さらに、学習者の経験を基に教材文に対する意見を持つところまでの学習活動を組織することによって、学習者による主体的な読みを引き出そうというのである。

4.3.3.1.2　「内容」に関わる知識

　学習者が互いに主体的な読みを交流し合うという、Ⅰ先生の国語科授業に関する「信念」は、授業スタイル、学習者理解、教材研究のあり方といった「内容」に関わる知識に影響を及ぼしている。

4.3.3.1.2.1　授業スタイルの工夫

　Ⅰ先生の国語科授業の特徴は、教師ではなく学習者が教材文の読みに関わる問いを自作し答え合うという授業スタイルに象徴される。学習者が作成する問いは、3種類で、それぞれPISA型読解力調査で測定された3つの課題に相当する。つまり、①テキストの中の情報の取り出しに関する問い、②書かれた情報から推論してテキストの意味を理解するテキストの解釈に関する問い、③書かれた情報を自らの知識や経験に関連づける熟考・評価に関する問い、の3種類である。

　問いを自作させたことによって、学習者はこれまで以上に繰り返し教材文に向き合うようになったという。

　　　〈これをすると、生徒は、教材を繰り返し読むんです。それは、やっぱり、僕が一斉授業するのとは、全然違いますね。（中略）これをすると、すごく何回も何回も、この作品を読む、（中略）これについては記憶に残っているだろうと思うし、深く読み味わえただろうなあと感じました。〉

　また、問いを自作させることによって、これまで解答者の側だけにしか

第4章　実践でのつまずきを解消することによって構築される国語科授業実践知の諸相

立てなかった学習者たちが出題者の側にも立つことができるようになり、結果として、問いの意味を深いレベルで洞察できるようになったとも語る。

〈生徒の答案を見ていて、(中略) 出題者の意図とかいうところへの思いが足りない、どういう意図で、この問題を出しているのかとか、何を答えてもらいたがっているのかというようなことが、生徒がわからずに答えている傾向もあったので、これを、出題者側にまわることによって、どうやって問題が作られていっているのか、それからグループで話し合っていく中で、これだとここも答えになる (中略) これでも答えになるんじゃないかというような討論を班の中でする中で、規制をかけていかないと、(中略) 問題文に工夫をして自分たちが意図する解答に導けるような問題文を工夫しなさいというような話をしていくと、今度自分が問題を解く時に、そういうことなんだと (中略) ここに答えを出して書いてもらいたいからこういう出題になっているんだな、(中略) そういうことなんだなというのに気づいてくれたみたいなので、〉

#### 4.3.3.1.2.2　学習者理解のための工夫

　教師である自分の働きかけが学習者に通じておらず、学びを引き出すことができなかった経験を想起し、学習者に寄り添った授業展開の重要性を認識する。

〈やっぱり生徒を見るという、生徒の反応を見るということなんだと思いますね、(中略) こういった時の、生徒の、ふっと、こう、顔が和んだりとか、厳しい顔になったりとかということを、感じるしかないんですかね。(中略) 生徒が、こうとらえるだろうとか、こういうふうにとらえてみてはどうかとかというような、生徒サイドに全然立ててなかった、(中略) 彼らが響くような伝え方であるとか、言葉の選び方とか、そういうことが、やっぱりできてなかった〉

〈生徒の作業であるとか、生徒が考えるという（活動をするための……筆者補足）、生徒のレディネスがなかったのかもしれないな〉

　学習者の反応を洞察することや、学習者の学習レディネスを整えておくといった学習者理解の重要性に思い至ったきっかけは、先生が自分の世界に浸りきって一方的に話をし、学習者が学びから乖離してしまったという実践でのつまずき経験にある。

〈僕が僕の世界に入って熱弁を振るっているけれども、（中略）生徒としては全然伝わってなくて、あ、また先生が入った、自分の世界に入って、すごく何か情熱的に何かをしゃべっているけれども、それは先生が気持ちよくしゃべっているだけで、私たちには関係ない、ようなとらえ方をされてた〉

### 4.3.3.1.2.3　教材研究の工夫
　学習者が主体的に学ぶ授業のために、先生は、単元または1時間のねらいを明確にする教材研究の重要性を指摘する。

〈どう教えるか、どう50分なり、うちだったら70分間を、どう展開するかではなくて、やっぱり、何を伝えて何をどんなふうにというところまで教材研究をしないといけないなあと〉

　学習者に伝えるべきことを明確にする教材研究の重要性に気づくきっかけとなったのは、教材研究が断片的にしかできていないことが原因で授業の展開に戸惑った経験である。

〈予習不足で、空中分解というのは（中略）しゃべっていることが生徒に届かないのももちろんだし、（中略）さっき言ったことと今言っていることが矛盾した解釈になっているということ、自分でもわかっ

第 4 章　実践でのつまずきを解消することによって構築される国語科授業実践知の諸相

ているんだけど、もう、それに代わる予習のストックがないものだから〉

　以上のように、I先生は、学習者が問いを自作・交流するスタイルの授業、学習者の反応と学習レディネスを見極めた授業展開の工夫、断片的でない単元全体のねらいの達成に向けて筋の通った教材研究の工夫を、それぞれ授業改善のための手がかりとしつつ実践を積み重ねていると総括できる。

#### 4.3.3.1.3　I先生の授業実践知の特質

　I先生は、学習者の主体的活動が相互に絡み合いながら発展する国語科授業を、PISA型読解力理論を授業展開に取り込むことによって実現させたいと考えている。

　そして、そうした思いを実現するために、授業スタイル、学習者理解、教材研究のあり方にそれぞれ工夫を凝らす。

　特徴的なのは、学習者が問いを自作し答え合うという授業スタイルである。この授業スタイルでは、教材文に対する関わりを、教師主導の一斉授業による場合よりも、より能動的にさせることができる。さらに、学習者が最適な状況下で学習活動を遂行できるよう、学習者の学びの現実を見極めた授業展開を心がけること、さらに、単元全体を見通した一貫性ある教材研究が重要であることを、認識している。それは、学習者の表情から教材理解の状態を洞察すること、事前に学習レディネスを整えておくこと、また、学習者に学び取らせたい教科内容を明確にした教材研究を行うことを意味する。

### 4.3.3.2　J先生の事例

#### 4.3.3.2.1　「信念」に関わる知識

　J先生は、教材文そのものの注釈的な読解にとどまらず、学習者一人ひとりが、教材文に対して距離を置き、批判的に評価し、かつ、自分の意見を持つことができるような授業を理想としている。それは、次の通り、研

究授業における指導案の記述や、インタビューにおける語りに表れている。

〔細部にこだわる読み方ではなく、作品の全体を捉えてテーマを読みとること、読みとった内容について自分の考えを持つことに重点をおいて指導していきたい。〕（研究授業用「国語科学習指導案」Ｊ先生作成資料より）

　先生は、教材文の細部を注釈的に読み進めるのではなく、教材文全体のテーマに対して学習者が自分の意見を持てるような授業を目指している。教材文に対して意見を持つとは、教材文の主張を無批判に受け入れるのではなく、批判的に読むことだとして次のように語る。

〈（こうした授業の意義は、教材文に書かれていることを……筆者補足）鵜呑みにするんじゃないという視点ですかね。やっぱり、応用力のある力、応用の利く力を持たせたいというか、自分も含めてですけど、読んで知識を得るというのに加えて、ものの見方とか感じ方とか。私は大学に入って、そういう経験をしたんですよ。高校までは、ひたすら勉強して、そうなんだ、そうなんだと思って、やってきて、大学に入って、かなり、たとえば、教科書として用いた本について、仲間が、いろんな批判をしたりとか、あるいは、批判的な意見を求められたりとか、これに疑問はないかとか、そういう読み方をしたことがなかったんです。すごく自分は苦労したんですね。（中略）そういう自分の思考の癖みたいなのが、社会人としたら、ちょっと、自分で足りないかなと意識しているのかもしれない、で、あの子たちには、やっぱり、多分大学へ行くでしょうし、この先、そんなにシニカルな人間になってほしいわけじゃないんですけど、なんかこう、素直に受け取るプラスアルファの部分といいますかね、自分自身で考えるといいますか、いいと思うにしても、自分で本当にいいか判断するみたいな、そういう癖といいますか、思考の、それを狙っている。〉

　先生は、教材文が批判的に読めることを社会人に必要な力だと認識して

第4章　実践でのつまずきを解消することによって構築される国語科授業実践知の諸相

いる。しかし、その力を身に付ける学習が先生自身の学習経験に不足していたことに思い至り、学習者たちには同じ経験をさせたくないという思いから、教材文の批判的な読みを目指した国語科授業を理想とするようになる。また、このような「信念」は、先生の実践におけるつまずきによっても影響されている。先生は、教えたいことが定まらないまま教材文の注釈中心の授業を展開し、学習者の意欲を限りなく喪失させてしまった次のような経験をつまずきととらえている。

〈『舞姫』（高校3年対象の小説教材……筆者補足）を、（中略）あれはまずかったですねえ。ただ、一緒に読んだというだけの。ちょっと（学習……筆者補足）目標もはっきりしなかったし、（中略）話をたどって、（中略）なんせ、あの文語調にやられて、（中略）本当にみなさん死んだようにというか、まじめな生徒が多いんで、一応ノートは取ってくれるんですけど、発問すれどもすれども、しーんという感じで、（中略）もう1時間1時間、じゃあ今日は何ページ何行目からという感じで、いったい今日は何を教えたんだろう、教えたんだろうかというような手ごたえがあまりない授業で、その分、何か、ことばの意味ばっかりに重点を置いたというか、（中略）今日はいったい何をしたんかなあ、あの子らにとって新しいことって何だったんだろうと。まあ、必ずしも新しくなくてもいいのかもしれないですけど、何か、こんなん教科書一人で読んでも同じ、みたいな感じになってましたね。〉

このような、教材文を批判的に読ませ自分の意見を持たせたいというJ先生の授業信念は、学習者が主体的に教材文へ向き合うことによってこそ実現できるものである。したがって、以下に分析するJ先生のさまざまな取り組みは、学習者の教材文への向き合い方を主体化するための手立てとして一貫性を持たせることができる。

#### 4.3.3.2.2 「内容」に関わる知識

J先生の授業信念は、発問、指示、評価といった、以下のような学習者

に対する働きかけの工夫として具現化されている。

#### 4.3.3.2.2.1　発問の工夫

学習者が教材文を注釈的に読まないよう、発問の答えが教材文の全体的理解に直結するような内容の発問を積極的に取り入れている。

〈問いを工夫したんです。大雑把な問いを投げて、(中略) ひと段落、だいたい2ページぐらいですかね、2ページの場面に対して問いは1つというくらい大雑把に。(今までの授業では……筆者補足) 問いは、5つか6つは絶対あるというような。「「それ」とは何ですか」とか、そういう (注釈的な……筆者補足) 質問は一切しないで、どうして主人公はこういう行動を取ったんだろうという、その部分だけに、極端に言うと、それだけをやる。それ以外のところは簡単にこっちで解説してしまうというような。〉

#### 4.3.3.2.2.2　発問への取り組ませ方の工夫

学習者が発問に向き合う姿勢を主体的なものにするため、先生は次のような2つの工夫をしている。

〈(発問に対する答えを……筆者補足) 書いてみなさいという指示をよくするようにしてるんですね。(中略) 当たった子しか考えないと、それをどうにかしたいなあと思ってて、必ずノートに自分の意見を書きなさいと言って、(中略) 書かせるようにしたんですね。〉
〈今までだったら、(中略) 作品をこう、何ていうか、受け入れる型の教育ですよね、(中略) そうじゃなくて、まあ批判と言ったら言葉きついですけど、文句付ける、何て言うんだろうな、本当にこれでいいんだろうかという、作品を批判する、この作品は本当にいい作品なんだろうか、(中略) この作品のおもしろさってどこだろうと、(中略) 本当におもしろいのかなと、そういうふうな、まあ逆の意見を言ってもいいんだよ、批判してもいいんだよというのを、そういう視

第4章　実践でのつまずきを解消することによって構築される国語科授業実践知の諸相

　　点をちょっと入れてみようと思って。(中略) 意見を書くにあたって、割に、その道筋というか、ヒントを多く示したかな、要するに、どっちの意見に賛成ですか、その理由を書きなさいというふうに、まあ指示を与えた。〉

　1つめの工夫は、他者が示す答えに依存して主体的に考えない学習者を減らすための手立てである。2つ目の工夫は、学習者自身の思考を硬直化せず柔軟なものとするための手立てである。

### 4.3.3.2.2.3　話し合い活動活性化のための工夫

　学習者が発問に応えることによって導き出した読みを相対化し、読みをさらに豊かなものとするため、学習者同士での話し合い活動を活性化する必要がある。そのために先生は次のような手立ても講じている。

　　〈話し合いを一応中心に持っていきたかったんで、6人か7人のグループでやらせたんですけど、なかなか話し合いが進まないグループがあって、それに対して、あなた司会をしなさいとか、話し合いが、こう活発になるような、働きかけをしたんです。〉

### 4.3.3.2.2.4　学習者の発言に対する評価の工夫

　学習者が導き出した読みを尊重し、その主体的学びを失わせないために、評価言についても、次のような工夫をしている。

　　〈子どもは、すごく正解を求めたがるんですよね。(中略) このねらいは、最後はもうオープンエンドというか、何でもありという気持ちだったんですよ、私としては。(中略) 正解はなくて、なくてというか、正解はいくつもあるという感覚が、この子らにはわからないというか、自分自身もそういう教育しか受けてないので、ちょっとやるに当たって気持ち悪いですけど、それを一応去年あたりから心がけてやっているんですけどね。〉

〈答えを一つにもっていかない、(中略) こっちも、「あーいいねえ、その答えいいねえ」とかいうのを結構気をつけました。授業中のちょっとした発言に対して、いいねえ、いいねえというのはあるんですけども、それが正解というような言い方はしないでおこう (と心がけています。……筆者補足)〉

　J先生は、学習者が教材文に向き合い始める発問の段階から、読みを互いに交流し、その読みを先生が評価する段階まで一貫して学習者の主体性を引き出すための手立てを工夫していることがわかる。先生は、教材文の注釈に関わる発問を減らし、教材文のある程度まとまった範囲を対象に答えの多様性が保障される発問を核に授業を展開する。そして、発問に取り組む過程で、批判的思考の手順をヒントとして示したり、話し合い活動を組織したりするなど、学習環境づくりにも工夫を凝らす。さらに、正解を求めがちな学習者の受動的態度を揺さぶるために、正解を絶対化する評価言ではなく相対化多様化する評価言を心がけている。

#### 4.3.3.2.3　J先生の授業実践知の特質

　J先生は、学習者に教材文を批判的に読ませたい、換言すれば、学習者を教材文へ主体的に向き合わせたいという思いを実現すべく、発問から評価に至る一連の学習指導過程における教師の働きかけを工夫している。

　教材文を批判的に見つめるためには、教材文に対する学習者の向き合い方を修正する必要がある。そこで、先生は、学習者が1つの正解を追求しないよう、発問の答えを多様なものとすることによって課題解決に臨む。また、発問に対する学習者の反応が他者の示す答えに依存し思考停止してしまわぬよう、思考のためのヒントを提示するなどの工夫も凝らす。さらに、思考の結果としての学習者の発言に対して、多様な発言を尊重する評価を施すことによって、学習活動が正解追求・他者依存に陥らないよう、配慮を重ねている。

第4章　実践でのつまずきを解消することによって構築される国語科授業実践知の諸相

## 4.3.4　考察―経験知としての授業実践知が持つ意義

　日々の国語科授業実践は、個々の教師の、さまざまな経験を基盤とする授業実践知によって支えられている。こうした実践知は、過去の経験のみならず、未来の理想的授業像を含んだ知としても概念化される。

　ここでは、教職経験の異なる2名の国語科教師がそれぞれ理想とする授業実践知について、実践のつまずきにさかのぼりながら概念化を試みた。ここで明らかになった授業実践知は、それぞれの教師の、経験に基づいた固有のものの見方である。それは、それぞれの教師固有の経験を背景として培われた個別性を持っているから、普遍化された授業技術理論として他の教師の授業改善に直接適用できるものとはなり得ないかもしれない。その点で汎用性の乏しい知識と言える。しかしながら、教師の語りの記述と解釈によって授業実践知を概念化することの意義は、法則化された授業技術の抽出にあるわけではない。むしろ、現職教師の授業技術を取り巻く背景世界の厚みとその内部構造の緻密さとを経験知の物語として編み出すことにこそ意義があると考える。

　このようにして編み出された、教師たちの、物語としての授業実践知は、授業改善を志す他の教師が自分固有の授業実践知を構築する際の指針として生かされる。なお、ここでは、ある教師の知を他の教師が複写して活用すべきだということを主張しているわけではない。他の教師の事例物語を読むことによって、授業改善を志す教師たちは、理想とする授業像をどのようにして形作り、その実現に向けて学習者への働きかけをどのように組織したらよいかといった指針を得、個々の教師が自分固有の経験を振り返りながら自分の実践知を構築していく手がかりとすることができるはずである。

　優れた授業実践は、優れた授業技術がどこかに外在し、それを探し当てることによって実現するのではない。むしろ、経験に基づく教師自身の物語を豊かに構造化できるか否かによって授業実践の質が左右するのである。また、未来の授業実践知は、過去の実践の履歴を見つめ直すことによって構築されるものでもある。

**参考・引用文献**

秋田喜代美（1992）「教師の知識と思考に関する研究動向」『東京大学教育学部紀要』32　pp.225-227.

秋田喜代美（1994）「熟練教師と初任教師の比較研究」稲垣忠彦・久冨善之編『日本の教師文化』　東京大学出版会　p.96.

秋田喜代美（2004）「熟練教師の知」梶田正巳編著『授業の知―学校と大学の教育革新』　有斐閣　p.192.

藤原　顕・荻原　伸・松崎正治（2004）「カリキュラム経験による国語科教師の実践的知識の変容―ナラティヴ・アプローチを軸に―」全国大学国語教育学会編『国語科教育』55　p.19.

井上尚美（2005）『国語教師の力量を高める―発問・評価・文章分析の基礎―』明治図書　pp.43-99.

宮崎清孝（1998）「心理学は実践知をいかにして越えるか―研究が実践の場に入るとき」佐伯　胖・宮崎清孝・佐藤　学・石黒広昭編『心理学と教育実践の間で』　東京大学出版会　pp.57-76.

佐藤　学（1996）『教育方法学』　岩波書店　pp.135-141.

佐藤　学（1997）『教師というアポリア―反省的実践へ―』　世織書房　p.173.

髙木展郎（1997）「教師教育のための授業研究」全国大学国語教育学会編『国語科教師教育の課題』　明治図書　p.89. p.93.

鶴田清司（2007）『国語科教師の専門的力量の形成―授業の質を高めるために―』　溪水社　pp.81-145.

# 第5章　国語科授業実践知研究によって開かれる教師の学習のあり方

　本書では、国語科教師による授業改善のための学習過程と、教師としての学習の成果としての授業実践知とについて、多様な事例を分析・考察した。その成果は、教育実習生を含む初任教師から熟練教師まで多様な国語科教師たちの事例を集積できた点と、それによって、現職国語科教師たちが授業改善のための学習を進めていく際の省察のための手がかりを示すことができた点とに集約される。

　以下、本書の成果の内容、国語科教師研究における本書の意義、本書各章の概要を記述する。

## 5.1　初任教師から熟練教師までの多様な事例についての記述スタイル

　本書では、初任教師から熟練教師に至る多様な事例を、優劣によってではなく、個々の固有性を尊重しながら取り上げるという記述スタイルを選択した。これは、「選択的変容型」の教師発達観と「自己生成型」で「文脈・状況依存性」の教師力量形成観（山崎：2012）に基づいている。したがって、未熟な初任教師は熟練教師の事例を取り込んで成長を遂げる、一方、熟練教師は完成された技量を持つから学習の必要性がない、というものではない。初任教師は初任教師なりに、熟練教師は熟練教師なりに、実践の文脈を見極めつつ授業改善を継続し、教師としての自己を更新させ続けるという教師観に立脚しつつ、多様な事例を取り上げている。

　初任教師から熟練教師まで多様な国語科教師の事例を取り上げることによって、初任教師・中堅教師・熟練教師それぞれの教職経験に応じた固有

の授業実践知や、初任教師と熟練教師の授業実践知の対照性など、国語科教師の授業実践知の多様性を提示することができた。たとえば、ある初任教師の場合、学習者の主体的な学びを理想とする国語科授業イメージがあったとしても、学習者に寄り添いつつ授業を展開する余裕が十分ないため、学習者の主体的な教材文の読みを引き出せず、教師の読みを事前の計画通り忠実に伝達するといった硬直化した授業を展開する。あるいは、1時間の授業を構成する各指導事項を有機的に組織することがままならず、学習目標に向けての統一感のない断片的な授業展開に終始することもある。一方、ある熟練教師の場合、学習者が主体的にことばの学びを展開するという理想の国語科授業を実現させるため、授業を構成する諸要素を目的実現のための必然性のもとで取捨選択するとともに、必要な諸要素の確かな連関に基づいて実践行為を遂行する。また、ある中堅教師は、初任教師時代に、教師としての自分の思い込みが強く、学習者が主体的に活動する余地のない授業を展開してしまったというつまずきを経験した。そして、そのつまずき経験を省察しつつ、教材文の読み方と学習者とのコミュニケーションの取り方を改めるという授業改善のための学習の軌跡を経ることによって、学習者の主体的活動を引き出す現在の授業実践知を獲得した。

## 5.2 事例の意義としての省察のための手がかり

多様な国語科教師たちの事例は、その事例の読み手になる現職国語科教師たちが、授業改善のための学習を進めていく際、省察のための手がかりとなる。それは、本書の事例を直接的に模倣して授業改善を図るのではなく、本書の事例を批判的に語り直し、新たな授業改善物語を構築するというものである。

授業改善は、実践の文脈を捨象した抽象的な授業技術を多数習得するだけでは実現できない。実践の文脈における、学習者・教材・授業技術それぞれの必然性を省察し、省察の結果を実践として結実させることが必要である。実践の文脈における、こうした複雑な省察行為には、限定された正

答がない。省察をする教師自身が、個々固有の文脈の中で答えを創造しなければならない。そこでは、脱文脈化された正解としての抽象理論ではなく、修正（実践の語り直し）に開かれた実践物語を提示することが有効である。そうした実践物語は、その読み手によって、読み手なりの必然性を持って語り直されるため、授業改善のための学習モデル、教師の学習のための道しるべとなる。つまり、本書で記述してきた、授業実践知や授業実践知の構築過程に関わる実践物語は、事例の読み手となる国語科教師たちにとって、授業改善のために乗り超えられるべき手がかりとして機能することとなる。

## 5.3　国語科教師研究としての本書の意義

第1章でも述べたとおり、国語科教師に関わる先行研究では、教師自らが省察しながら授業改善を図る学習過程を対象とした学術的調査研究は不十分な状況にあり、多くは、抽象化・脱文脈化・定式化された結果理論が提示されてきた。そのような中、本研究は、実践の文脈をすくい取りながら、課題解消のための正解理論ではなく、課題解消に至るための教師の学習過程を参照理論として提示した。それは、本書で取り上げた事例の読み手となる教師たちが参照し語り直すという、教師の学習過程モデルとしての意味あいをも持つ。

本書では、教科教育（国語科）研究という立場から教師研究を行ったため、国語科に関わる教科内容（国語科教材文の読み方）を核としながら事例の分析および考察を試みたのであるが、国語科の教科内容は、それのみが独立して機能し国語科授業実践知を構成していたわけではない。教師が目指す学習者像やレパートリーとしての授業技術といった教科内容に直接かかわらない領域の知との相互関係性の中で、国語科授業実践を成り立たせていたことが明らかになった。たとえば、教材文の内容ではなく教材文の書かれ方（ことばの尽くされ方）の工夫を評価させるという教科内容知をある教師が授業実践にて機能させようとした場合、そうした教科内容に

関わる知は、教師の説明を受動的に聞くのではなく主体的に思考し言葉を交わし合うことのできる学習者を育てるという明確な学習者像を描くという知、さらには、正解が1つに限定される発問ではなく、答えに学習者の価値観・人生観が反映されるような発問を組織するという授業技術に関わる知など、国語科の教科内容に直接関与しない知と、相互に関連し合ってはじめて実現できる、ということである。

このように、本書の意義は、国語科授業改善に向けての、省察を軸とする教師の学習の進め方のモデルを示した点と、授業実践知を構成する、教科内容知と教科内容に関わらない知との関係を解明した点、にあると総括できる。

## 5.4　各章の概要

以下、第1章と第5章を除く各章の要旨を示す。

第2章では、まず、授業展開の要となる教師の発問行為に焦点を絞り、その発問行為を支える教師の授業実践知について、熟練教師と初任教師の対照性を浮き彫りにした。熟練教師は、教材文をどう読み解くか、学習者のことばの学びについてどのような状態を理想とするか、そして、そのためにどういう手順で発問計画を練るか、といった授業実践知の各構成要素間の連係が適切に維持されていることが判明した。続いて、初任教師（教育実習生）が授業観察においてとらえる授業イメージが、局所的なものになりがちで、総合的構造的全体的なものとなっていない実態を解明した。そして、その原因は、授業観察の視座が断片的で統合されていないためであると結論づけた。また、教育実習生が行う教壇場面実習（高校生を対象とした授業実践実習）では、たとえば、学習者の主体的な教材文の読みを引き出す授業をしたいという理想の授業イメージを持ちながらも、それがままならない現実がある。ある教育実習生の場合、教材文を細かく注釈していくような授業展開を教師が主導するため、教室の学習者たちの人生観・価値観を反映させた読みを交流しながら学びを広げ深めていくような

授業とすることができない。以上のような、熟練教師および初任教師それぞれの授業実践知を対照させながら、学習者の学びを促す授業実践知は、授業を断片的にではなく全体としてとらえること、そして、授業を構成する諸要素を構造的に関連づけること、が基盤となることを論じた。

　第3章では、研究授業経験を授業実践知構築のために意味づけた教師たちの実践事例を分析した。初任教師たちの場合、初任者研修制度による指導教員を含めた同僚教師たちの継続的なサポート体制が充実していたため、学習者の読みを促す国語科授業を実践するにあたって自分の実践に不足しているもの（課題）をそれぞれ自覚しながら研究授業に臨む。したがって、研究授業で提示される同僚教師の批評は、それぞれの初任教師が抱える課題に沿って、初任教師自身が批評の文脈を転換・発展させながら意味づけられ、授業改善の見通しを獲得する。一方、中堅教師・熟練教師たちの場合は、初任教師たちのように指導教員が寄り添って授業の課題の自覚を促すということはないが、それまでの実践の履歴に照らして、初任教師たちと同じように、実践の理想と課題を自覚しながら研究授業に臨む。したがって、研究授業で提示される同僚教師の批評は、初任教師と同様、それぞれの教師が抱える理想や課題に沿うように、教師自身が文脈の転換・発展を図りながら意味づけられ授業改善の見通しを得る。たとえば、ある初任教師は、小説教材で登場人物が複雑に絡み合う場面において、各登場人物のことばに表れない思いを想像するとともに、その思いを学習者が第三者の立場から評価できるような学びに向けた単元を構想した。その単元では、学習者同士の対話による授業展開を理想としていたが、実際の授業における学習者の発言は断片的で教師のねらいに向けて高まってはいかなかった。そこで、その先生は、同僚教師たちの批評を批判的に取り込み意味づけながら、当該授業で扱う学習指導事項が単元全体の中でどのような重みを持っているのかを再検討し、国語科指導過程全体を有機的に構造化する必要性を認識するに至った。このように、教師たちにとっての研究授業経験は、同僚教師たちから全く新たな知見をもらい、それによって授業改善を図る機会として機能するというのではなく、研究授

業を経験する教師が自らの理想実現や課題解消のために、同僚教師たちの批評を批判的に意味づけながら、自らの授業を編み直す機会として機能していたと結論づけられる。

　第4章では、学習者の学びが停滞するという実践のつまずきをいかに克服し授業実践知に磨きをかけてきたかに関する、中堅教師たちの事例を分析した。いずれの教師たちも、授業という状況の全体性・総合性の中で、教材分析のあり方や運用する授業技術を見つめ直すという省察過程を経ることによって、学習者の学びを引き出す国語科授業実践知を構築していた。たとえば、発問に重点を置いて自らの授業実践知を磨いてきた教師の場合、初任教師時代には、授業は教師が発問し学習者がそれに応えながら教材文の読みを深めていくものだという形骸化した儀式化した授業観のもとで、授業を教師主導で展開し、現実の学習者に十分寄り添えていなかった。そのため、学習者が授業に参加しきれず学びが成立しない状況を生みだしていた。そこで、教材文の読みとして何を目指せばよいのか、教師の発問に対する学習者の発言を授業展開の中でどう取り扱っていけば、学習者が教材文世界に主体的に関わろうとするのか、といった問題を相互に関連づけて教師の発問行為のあり方をとらえ直すに至り、学習者が主体的に参加する国語科授業を実現させた。これは、授業を成立させている多様な要因を相互に必然性を持って組織立てるということである。このように、国語科教師が、学びの停滞する授業を克服し、学習者による主体的な教材文の読みを引き出す授業を実践するに至る過程は、授業実践を構成する1つ1つの要因に必然性と有機的つながりを見出す学習の過程であったと結論づけられる。

　以上の各章での事例分析・考察結果から、国語科授業実践知を絶対的固定的なものとせず、教師の学習を通じて更新され続けるものとしてとらえることによって、学習者による教材文の読みの学習の成立・向上が図られると総括できる。授業の全体性・総合性を意識し、実践の文脈に寄り添いながら、実践を導く教師行為の1つ1つを意味づけ直すという教師の学習を遂行することによって、学習者の学びを引き出すという意味での授業改

第 5 章　国語科授業実践知研究によって開かれる教師の学習のあり方

善につながる授業実践知を構築することができるのである。

**参考・引用文献**
山﨑準二（2012）『教師の発達と力量形成―続・教師のライフコース研究―』
　　創風社　pp.450-455.

## あ と が き

　まえがきでは本書に通底する研究動機を筆者自身のライフ・イベントを意味づけることによって説明してきたが、あとがきでは本書の上梓につながる恵まれた研究環境を与えてくださったかたがたへの感謝の気持ちを申し述べさせていただきたい。

　本書の研究課題は、まえがきで述べたような、国語科に関わる筆者自身のライフ・イベントによって動機づけられているが、研究活動は研究動機さえあれば完遂できるというような生易しく単純なものではない。研究動機はもちろん重要であるが、それ以上に研究環境こそが研究成果を左右するのではないかと筆者は考えている。

　筆者にとっての恵まれた研究環境とは、大学教員の職に就けたこと、継続して科学研究費補助金を獲得できたこと、学会誌投稿論文の修正方法に関して査読者から的確なコメントが送られてきたこと、そして、多くの高校国語科担当の先生がたの研究協力を得られたこと、であったと思っている。

　まず、和歌山大学への就職に際して並々ならぬ手数をおかけした菊川恵三教授をはじめとする教育学部国語教育専修の先生がたに心より感謝申し上げたい。研究業績が十分でないにもかかわらず、将来の可能性だけを信じて何の縁故もない筆者を国語科教育担当教員として採用してくださったのである。2006年当時、筆者は、和歌山大学教育学部国語科教育担当教員の公募情報をインターネット上で知り、不採用になることは承知の上で、書類を整えて提出した。採用候補者としたい旨の電話連絡をいただいた時は、あまりにも予想外のことだったので驚きを禁じ得なかった。和歌山大学の研究環境は、筆者自身が高校教師だったころとは全く違って恵まれている。もっとも、年々自由に研究できる時間を確保することが難しくなってきている感は否めないが、高校教師だった頃と比べれば、十分過ぎるぐらい恵まれている。高校と大学との大きな違いは、専門性を追究できる時

間的・精神的余裕の程度差にあると感じている。高校教員の業務は多岐にわたり、その量が充実し過ぎていて、研究に沈潜する余裕は筆者にはなかった。大学であれば事務職員のサポートが得られるような業務の多くを、高校現場では教員が行うからである。ただし、高校現場では、子どもたちの教育が最優先であり、教師たちが協同して子どもたちの成長に責任を負っているため、研究環境の充実を求めることは筋違いかもしれない。いずれにしても、教育活動における幅広い対応に追われる高校教員と、忙しくなりつつはあるが専門性を追究できる時間的・精神的余裕のある大学教員との差は歴然としている。今後も、大学教員として恵まれた環境にあることを自覚しつつ、一歩一歩前進できるよう努めていきたい。

　また、科学研究費補助金の獲得は、それまで狭い視野しか持ち合わせていなかった筆者の研究視野を広げ、研究に対して新たな一歩を踏み出す好機となった。研究業績が不十分ながらも筆者個人の夢物語的な研究課題に予算を付けてくださった審査担当の先生がたにお礼を申し上げたい。平成19年春、初めて科学研究費補助金内定通知をいただいた折には、採択されるはずがないと思っていたため、驚きと同時に戸惑いを覚えたのを記憶している。研究内容が学校現場での調査としていたため、どうやって研究協力者を探すかという課題がまずもって筆者に重くのしかかってきたのである。ここでも上司である菊川恵三教授のお力添えをいただいた。研究協力者を探しあぐねていた筆者を気遣い、教育委員会事務局に同行し国語担当の指導主事の先生を紹介してくださったのである。そして、その指導主事の先生の協力をいただいたおかげで、効率よく研究協力者の先生がたに出会え、無事研究活動をスタートさせることができた。とはいうものの、調査を始めてみると、今度は、成果をどう発表したらよいのかに戸惑いと焦りをおぼえ始めることとなる。予算をもらっている以上、こんな調査をしました程度の報告で済ますわけにはいかず、学会での口頭発表や論文執筆が必要不可欠なのである。拙い調査報告に過ぎない発表を人前で行うことに臆する気持ちと、予算をもらっている以上は発表しないわけにはいかないという義務感との葛藤の末、毎年少しずつではあるが成果を発表できる

ようになった。また、科学研究費補助金のおかげで、国語科教育関係の書籍のみならず、教師教育・授業研究・質的研究など幅広く隣接研究領域の書籍を購入することができた。さらに、国語教育関連学会のみならず教育関連諸学会へも参加することによって、国語科教師研究を取り巻く研究動向を幅広く俯瞰できるようになったとも考えている。このように、筆者にとっての科学研究費補助金は、研究に対して臆病になりがちであった筆者の背中を後押ししてくれるものであるとともに、狭くなりがちな研究視野を拡張してくれるものであった。

　さらに、筆者の研究活動を支えてくださった要因として、学会誌投稿論文の査読結果として返される論文修正のためのコメントの存在が挙げられる。投稿した論文のままでは学会誌に掲載することはできないが、査読者のコメントを参考に論文を修正すれば掲載論文として認められる可能性があるというものである。筆者の拙い論文を丁寧に読んでくださったことのうかがえるコメントばかりであった。どの分野の先行研究をレビューすればよいのか、研究課題解明のためにどんな研究方法が適切であるか、論文全体の記述内容に一貫性を持たせるためにどこをどう改めればよいのか、といった具体的な指針が的確に示されており、研究論文の書き方を学ぶ貴重な機会となった。それら、論文修正のための査読コメントは大切に保管し、現在でも新たに論文を書き始める際には、参照させていただいている。

　そして最後に、国語科授業に関わる調査協力を快く引き受けてくださった多くの先生がたにお礼を申し上げたい。筆者の学校訪問（授業観察およびインタビュー調査）にあわせて、単元計画を組み替えたり時間割を変更したり、ただでさえ多忙な業務を何とかやり繰りしながら、研究協力いただいたのである。年代も、勤務する高校を取り巻く環境もそれぞれ異なる先生がたとの多くの出会いを通じて、筆者自身の国語科授業実践歴を相対化する好機となるとともに、国語科授業の多様なあり方を探究し続けることの醍醐味を味わうことができた。また、それぞれの先生がたから伺ったお話は、研究論文として発表するにとどまらず、折にふれて、教師を目指

す大学学生に伝えさせていただいている。文献に基づいた専門的知識を講義すると集中が途切れがちな学生も、現場の先生がたのなまの声を紹介すると、授業へ集中して向き合うようになるのである。先生方のリアリティーあるお話は、学生たちの教職意識の高揚に大いに役立っている。

　以上、本書は多くの先生がたの支えがあって上梓されたものである。ここに記して感謝申し上げるしだいである。

事 項 索 引

## 【あ】

一読総合法　58
インタビュー　10, 15, 16, 27, 61, 62, 64, 68, 72, 75, 80, 81, 82, 94, 96, 98, 99, 100, 101, 102, 103, 109, 112, 113, 114, 116, 127, 133, 135, 136, 137, 138, 140, 141, 142, 144, 145, 149, 150, 154, 155, 169, 170, 171, 190, 191, 192, 198
お茶の水国語研究会　49, 79

## 【か】

科学的「読み」の授業研究会　5
学習目標　17, 34, 36, 38, 42, 88, 96, 100, 103, 109, 110, 111, 113, 115, 142, 147, 150, 155, 199, 206
カテゴリー分析　62
技術的熟達者　7, 49
教育科学研究会　5, 58
教育実習生　3, 10, 14, 34, 35, 37, 38, 39, 41, 42, 43, 44, 45, 46, 48, 49, 50, 51, 52, 54, 205, 208
教員研修　4, 57, 79, 95, 100, 103, 192
教科内容　6, 32, 33, 45, 46, 62, 63, 114, 116, 118, 126, 127, 129, 132, 133, 134, 183, 197, 207, 208
教材研究　30, 31, 45, 53, 62, 63, 70, 71, 76, 77, 78, 107, 109, 117, 118, 120, 123, 127, 130, 131, 132, 134, 135, 142, 143, 146, 147, 148, 150, 194, 196, 197
教師の学習　3, 4, 6, 8, 11, 80, 100, 205, 207, 208, 210
教師の学習過程　3, 5, 6, 7, 8, 9, 10, 11, 58, 59, 60, 77, 78, 80, 207
教師の語り　8, 9, 10, 14, 16, 59, 60, 80, 97 102, 113, 167, 192, 203
教師の知識　7, 8, 32, 33, 80, 169, 192
研究授業　6, 11, 16, 24, 45, 57, 58, 61, 79, 80, 81, 82, 83, 87, 88, 90, 92, 94, 95, 96, 97, 98, 101, 111, 112, 113, 114, 116, 117, 118, 119, 120, 121, 123, 127, 132, 133, 134, 136, 143, 197, 198, 209
国語科教師　3, 5, 6, 7, 10, 14, 15, 24, 45, 46, 57, 58, 60, 61, 77, 78, 79, 81, 94, 95, 96, 98, 114, 132, 135, 149, 153, 154, 167, 168, 169, 188, 190, 203, 205, 206, 207, 210
国語科教師研究　3, 5, 205, 207
国語科授業研究　45, 46, 49, 54

## 【さ】

再文脈化　57
三読法　58
思考様式　79, 80, 81, 83, 88, 94, 95, 96
実践的見識　45, 49, 52, 55
実践的知識　5, 60
実践の事実　10, 15, 16, 17, 23, 137, 150, 168, 190

217

実践の文脈　4, 5, 7, 10, 33, 59, 79, 80, 87, 113, 149, 153, 170, 188, 189, 190, 191, 192, 205, 206, 207, 210
実践の履歴　153, 168, 169, 203, 209
指導過程　5, 6, 11, 58, 59, 60, 61, 62, 63, 64, 72, 77, 78, 148, 149, 150, 209
児童言語研究会　5, 58
授業改善　3, 4, 6, 7, 8, 14, 45, 53, 59, 62, 63, 64, 77, 78, 97, 98, 100, 137, 139, 141, 149, 150, 153, 167, 168, 169, 189, 190, 197, 203, 205, 206, 207, 208, 209, 210
授業観察　34, 35, 37, 38, 39, 40, 41, 42, 43, 44, 52, 61, 74, 115, 136, 208
授業研究　7, 45, 48, 49, 52, 54, 59, 60, 189
授業実践知　3, 4, 6, 7, 8, 9, 10, 11, 14, 15, 16, 19, 26, 27, 28, 29, 31, 32, 33, 45, 57, 58, 60, 62, 64, 71, 76, 77, 79, 96, 97, 98, 100, 102, 103, 106, 107, 109, 110, 111, 112, 113, 116, 133, 134, 135, 137, 138, 142, 143, 145, 149, 150, 153, 154, 155, 157, 158, 165, 166, 167, 168, 169, 170, 171, 188, 189, 190, 191, 197, 202, 203, 205, 206, 207, 208, 209, 210
授業スタイル　34, 47, 83, 84, 88, 94, 95, 135, 137, 149, 150, 194, 197
授業展開　23, 26, 27, 32, 37, 39, 40, 43, 44, 48, 50, 51, 52, 53, 54, 66, 67, 72, 74, 77, 78, 79, 80, 81, 83, 84, 85, 86, 87, 88, 93, 94, 95, 96, 115, 124, 129, 138, 141, 143, 148, 149, 155, 156, 157, 166, 171, 172, 173, 174, 176, 177, 178, 180, 183, 185, 188, 195, 197, 206, 208, 209, 210
授業批評会　45, 46, 49, 50, 51, 52, 53, 54, 57, 58, 60, 61, 62, 64, 68, 71, 72, 76, 80, 81, 82, 83, 88, 90, 96, 97, 98, 99, 100, 101, 102, 103, 104, 111, 112, 114, 115, 116, 117, 118, 119, 120, 121, 122, 123, 127, 129, 133, 134, 135, 136, 137, 138, 140, 149
熟練教師　3, 6, 10, 11, 14, 15, 16, 26, 31, 32, 33, 45, 51, 58, 98, 112, 113, 205, 206, 208, 209
初任教師　3, 5, 6, 10, 11, 14, 15, 26, 27, 31, 32, 33, 58, 61, 62, 205, 206, 208, 209, 210
初任者研修　61, 70, 74, 209
全国大学国語教育学会　5

【た】

中央教育審議会　4
中堅教師　6, 11, 68, 135, 153, 154, 168, 189, 205, 206, 209, 210
同僚教師　11, 57, 58, 60, 62, 64, 68, 69, 71, 72, 78, 79, 80, 81, 82, 83, 85, 87, 88, 90, 91, 92, 93, 94, 95, 96, 97, 98, 99, 100, 101, 102, 103, 104, 105, 111, 112, 114, 115, 116, 117, 118, 119, 120, 121, 122, 123, 127, 129, 132, 133, 134, 135, 136, 137, 138, 140, 141, 142, 143, 145, 149, 209
同僚性　59, 60, 79, 136

## 【な】

ナラティヴ　9
ナラティヴ・アプローチ　8, 9, 10

## 【は】

発問　6, 11, 14, 15, 16, 17, 18, 19, 22, 23, 24, 25, 26, 27, 28, 29, 30, 31, 32, 33, 35, 37, 38, 39, 41, 42, 43, 47, 48, 51, 53, 96, 97, 99, 100, 103, 105, 108, 109, 110, 111, 113, 115, 122, 125, 127, 128, 129, 132, 134, 135, 136, 139, 142, 143, 146, 147, 148, 149, 150, 153, 154, 155, 156, 157, 158, 160, 161, 162, 163, 164, 165, 166, 167, 168, 170, 171, 172, 173, 174, 175, 176, 177, 179, 180, 181, 182, 184, 185, 187, 188, 193, 199, 200, 201, 202, 208, 210
半構造化インタビュー　14, 62, 82, 99, 114, 116, 135, 155, 170, 191
反省的実践家　7, 49, 59, 60, 166
pck　32, 33
文芸教育研究協議会　15

## 【ま】

学び続ける教師　3, 14

## 【ら】

ライフストーリー　9

# 人名索引

## 【あ】

秋田喜代美　3, 6, 8, 14, 32, 49, 52, 57, 60, 80, 97, 136, 140, 141, 169, 191, 192
芥川龍之介　82
浅田匡　8
有沢俊太郎　79
生田孝至　7
市川伸一　34
伊藤康児　34
井上尚美　5, 15, 33, 167
井上正敏　58
今宮信吾　60
岩川直樹　14
ウェンガー　34
遠藤瑛子　5, 60
大槻和夫　43, 58, 77
荻原伸　60, 167

## 【か】

勝見健史　80
北田佳子　6
北山晴一　61
清岡卓行　115

## 【さ】

坂本篤史　6, 52, 57, 80, 140, 141
桜井厚　9
佐藤学　3, 7, 14, 32, 34, 45, 48, 59, 60, 166, 168

澤本和子　5, 49, 79
重松清　136, 146, 147, 149
司馬遷　99
渋谷孝　59
島田希　8
ショーマン　8, 32
ショーン　7, 59

## 【た】

髙木展郎　49, 189
竹長吉正　59
田近洵一　59
立花隆　36
鶴田清司　5, 33, 58, 167
徳岡慶一　32
戸塚茂則　45
豊田ひさき　15

## 【な】

中島敦　50
夏目漱石　17, 19, 20, 25
西穣司　4
野口裕二　8, 9
野地潤家　5

## 【は】

八田幸恵　8
葉山嘉樹　161, 162
藤原顕　3, 5, 6, 9, 60, 167
細川太輔　5, 6

【ま】

松尾剛　6
松崎正治　5, 60, 167
丸野俊一　6
宮崎清孝　167
宮崎典男　15
宮沢賢治　61, 174
望月善次　5

【や】

山口昌男　82
山﨑準二　205
やまだようこ　8, 9
養老孟司　36
吉崎静夫　3, 32, 48
吉本均　15

【ら】

リトル　57
レイヴ　34

［著者略歴］

丸山　範高（まるやま　のりたか）

　和歌山大学教育学部教授。
　1970年愛知県名古屋市生まれ、広島大学教育学部教科教育学科卒業・同大学院教育学研究科教科教育学専攻博士課程前期修了、岡山県公立高等学校教諭、広島大学附属中・高等学校教諭、比治山大学現代文化学部専任講師、和歌山大学教育学部専任講師・准教授を経て2014年度より現職。専門は、国語科教育学・教師教育学で、授業観察や聞き取り調査による実践をベースとした授業研究・教師研究を行っている。
　本書のもととなった論文以降の主な研究論文として、「初任国語科教師の授業実践知構築プロセスモデル―初任者研修内外の諸経験についての教師の語りの分析を通して―」（日本教育実践学会編『教育実践学研究』第15巻第1号 2013年）、「国語科教師が授業実践知を構築する学習過程―行政教員研修経験が中堅国語科教師の学習に及ぼす影響を中心に―」（日本教科教育学会編『日本教科教育学会誌』第36巻第4号 2014年）などがある。これらはいずれも、日本学術振興会科学研究費助成事業（基盤研究C・課題番号23531195）による研究成果である。

教師の学習を見据えた国語科授業実践知研究
―経験に学ぶ国語科教師たちの実践事例からのアプローチ―

平成26（2014）年3月25日　発　行

著　者　丸山　範高
発行所　株式会社　溪水社
　　　　広島市中区小町1-4（〒730-0041）
　　　　電話082-246-7909／FAX082-246-7876
　　　　e-mail: info@keisui.co.jp
　　　　URL: www.keisui.co.jp

ISBN978-4-86327-261-3　C3081